Yishi Yu Shehui Jiequn

仪式与社会结群

——以 S 村丧葬仪式为例

董敬畏◎著

中国出版集团

世界图书出版公司

广州·上海·西安·北京

图书在版编目（CIP）数据

仪式与社会结群：以 S 村丧葬仪式为例 / 董敬畏著 . 一广
州：世界图书出版广东有限公司，2014.3
  ISBN 978-7-5100-7715-9

  Ⅰ . ①仪…   Ⅱ . ①董…   Ⅲ . ①葬礼—研究—中国
Ⅳ . ① K892.22

中国版本图书馆 CIP 数据核字（2014）第 044097 号

仪式与社会结群——以 S 村丧葬仪式为例

策划编辑	刘婕妤
责任编辑	黄　琼
出版发行	世界图书出版广东有限公司
地　　址	广州市新港西路大江冲 25 号

http:// www.gdst.com.cn

印　　刷	虎彩印艺股份有限公司
规　　格	710mm×1000mm　1/16
印　　张	10.75
字　　数	165 千
版　　次	2014 年 3 月第 1 版　2014 年 10 月第 2 次印刷
ISBN	978-7-5100-7715-9/C・0035
定　　价	32.00 元

序

在世界范围内，似乎还没有哪一个社会会像中国这样引起这么多的多种多样的理解，而且有关中国社会文化特点与性质的表述也经常会出现针锋相对的说法。比如像共同体是否存在的问题，一方面，有人会说中国历史上不但存在强有力的共同体，而且还一级套一级，一级支配一级，从最小的家庭直到庞大的国家，而中国的个体则长期受到这类共同体的压制（其中妇女还多了一项男性共同体的压制）。我们知道，这类理论在很大程度成为近代中国革命的基础，因为在他们看来，中国要走向现代化，走向文明，必须摧毁这些落后、腐朽的共同体、从而使个体从共同体中获得彻底的解放。当然，近些年来，由于革命并不尽如人意，这一类观点中对共同体的评估也开始有一个相反方向，即认为中国传统的共同体不仅能够稳定地生产与供给中国社会的公共性，而且从清末民初其至明末清初开始就已有了向现代社团的转型，中国革命反而中断了这一进程，从而也导致了中国目前不尴不尬、邯郸学步境地的出现。另一方面，近年来，一批研究当代中国农村的学者，也开始努力关注与讨论中国当代农村社会"原子化"的问题，虽然他们的主要关注点是在当代，且多认为这一现象的出现主要与目前资本主义与市场经济对农村的入侵有关，但这一观点其实也由来已久，如梁启超、孙中山就认为中国人从来都是一盘散沙，没能够被有效地组织起来，中国要成为一个现代民族国家，就需要有这样一个国民性改造以及社会再组织化的过程。因此，在他们看来，中国历史上并不存在有效率的共同体来组织这个社会的社会成员，这一点也得到部分日本学者的赞同，认为中国尤其是中国农村不存在有凝聚力与向心力的共同体，似乎这类观点也成为后来日本侵略中国的一个理论依据。

与此相关的是有关个体主义在中国的研究。阎云翔教授通过他的民族志向我们展示了"个体"在中国新时代的崛起，这一工作背后隐含的前提是中国传统中个体或个体个性的湮灭，或者说是传统社会对个体的完全压制。但问题在于，费孝通先生针对中国社会的特点曾提出著名的"差序格局"概念，费孝通老先生同时指出，导致"差序格局"这一社会结构背后的中国人的人观是中国人的"自我主义"，而这一概念，按照目前字面上的理解，与"自我中心主义"甚至"利己主义"差不多是同一含义，按照这样的理解，"自我主义"与阎云翔所说的"自私的个体"似乎也并没有太多的差别，这也给人带来了疑惑："自私的个体"到底是移植于西方但在中国跑偏了的"个体主义"？还是中国人固有的"自我主义"的延续与翻版？

就我个人的理解来看，导致这些争议的原因，一方面是一些现有的概念很难概括中国的现状，目前的种种争议可能只是一些表面上的差异，而需要有更高层面上的综合。显然，能够做到这一点并不容易，尤其是中国学术界在与世界学术界隔绝了三十多年后，要赶上这段距离还有很长一段路要走，因此，也许目前比较恰当的方式是将这些概念先放下，把基本的事实弄清楚，等到我们有了足够的中国经验以及与国际学术界良好的沟通能力后，我们就能对中国乃至在此基础上世界、人类有普遍性的理解。导致争议的另一原因是中国社会与文化的多样性，中国幅员辽阔，既有地域上的多样性，也有族群上的多样性，或许在这种多样性之上有一个统一的中国性的存在，但显然需要我们从各区域与各族群开始，积累基本的民族志，然后才有可能在这一基础上进行比较概括和总结，从而告诉我们上述问题的答案究竟是什么？

因此，董敬畏的这本书在某种意义上也是这样的一种尝试。董敬畏选择他的家乡陕西西安附近作为其调研的田野点。我们知道这一地区曾是中国古代文明的中心，从大秦帝国到盛唐时代，中国历史中最辉煌灿烂的时期都是以这片区域为中心而展开的。可以料想，每个村落都随着时代上演了很多悲喜剧，董敬畏回到他的家乡，虽然已很难恢复他的祖先们已远去的历史（当然，事实上也根本不可能），但他可以观察这些从历史中走过来的人们如何在组织他们的当代生活，他们如何创造本土的社会范畴，如何构建一个彼此依赖的社会，个别的社会人如何被纳入到社群生活之中又如何具有能动性……这样的地方经验显然也会进一步充实我们对中国的个体、共同体等问题的理解。

董敬畏是一位年轻的人类学者，这本书也是他的一个起步。本书在一定程度上也存在一些问题，比如说田野材料不够丰满，分析会显得稚嫩，但正如他自己所说，他的优点是坚持、投入且对学术充满热情，我想只要有了这份坚持与进取，他的学术也会和中国学术共同成长，并最终汇入到整个世界知识生产的洪流中。

张江华

上海大学社会学院人类学民俗学研究所

摘　要

　　在海内外有关中国社会的相关研究中，基层社会的组织方式
和民众的结群方式长久以来受到研究者的关注。这种对基层社会
组织方式与民众结群方式的特殊关注体现出学者们对于复杂文明
（与人类学的部落社会和简单文明相对）*的中国社会如何组织、
社会秩序如何形成、社会的公共性如何获得、人们的共识如何产
生等一系列问题的追问与答案寻求。中国由不同的地理区域组成，
各个地理区域的生态环境、居住样态、生计模式、人文历史积淀
又各不相同。这些各不相同的因素共同影响和造就了中国各个地
域社会复杂的组织方式和民众结群方式。中国各区域社会的社会
组织方式与民众结群样式，以及个人与社群之间如何连接在一起，
从而形成区域性文化特色、社会秩序与区域公共性，再推而广之，
形成更大范围的整体中国的文化格局、社会秩序和多元一体式的
社会公共性，这是社会学以及人类学关心的论题。

　　作品承继涂尔干有关宗教、仪式与社会研究的传统，综合考
察社会学及人类学对社会秩序与社会公共性如何形成的理论脉络，

以近年来社会及人类学讨论较多的"社会人"概念作为分析工具，对陕西关中地区村落社会的人群结合方式进行探讨。陕西关中地区无论作为一个地域区域还是一个文化区位，在中国都有着独特的历史地位，它既是中华农耕文明的发祥地，能够提供解读农耕文化的符码，同时它又是社会学和人类学分析和研究中国社会人群结合的典型模本。因此，考察与分析这样一个既具有独特地域优势，又具有独特人文优势的区域社会的社会秩序和人群结合方式，将使我们深刻认识和了解中国几千年社会秩序的形成脉络、社会公共性形成的逻辑等，对于当代中国社会的变迁、秩序的生成、公共性的生发、共识的凝聚将极具借鉴意义。

著者在关中农耕文明这样一个极具同质性的区域社会，采取解剖麻雀的方法，通过一个村落的丧葬礼仪过程考察人群结合、社会秩序形成、公共性及共识达成等论题。著者首先描述了当地社会的社群结构以及这种结构与环境、村落历史、仪式之间的关系。著者接着描述了村落的丧葬仪式以及仪式中人们如何通过礼物与劳务的分享与互换塑造了社会人，从而形成人群联结和社会秩序，村落的公共性及共识也在这种场域中得以酝酿、产生和形成。著者最后展现了受到现代性影响之后的村落社会内部个体对这种结群方式和社会秩序形成模式的越轨和反抗。

作品通过对陕西关中地区 S 村丧葬仪式的考察，讨论村落社会中的人们是如何利用仪式这一媒介来完成个体与社群之间的联结的。通过仪式中的礼物与劳务的分享和交换，当地村落社会中的个体、家户、各社群单位之间彼此拥有、相互包含，从而不断再生产村落社会。当然，村落的仪式包括很多种，村落民众也正是在日常生活中的多个场景转换中完成这样一种结群和村落秩序的再生产的。作品单独选取丧葬仪式就像做一个剖面研究，而这种剖面研究也是社会学及人类学最常用的方法之一。

在田野调查过程中，著者同时也注意到，受到现代性的影响，个体的能动性也在村落社会人群结合及秩序再生产过程中不断展现出来。这种个体的能动性展现，既有学者认为是个体从束缚个性的桎梏中解放出来，也有学者认为是社会的衰落和解体。在这样一个巨变的时代，中国农耕社会的构成细胞——村落社会——的未来走向，仍然是值得学界所有学者进一步关注的问题。

关键词：人群结合　公共性　丧葬仪式　社会人　能动性

ABSTRACT

Scholar has focused on people's link on research of Chinese rural society in writings which study Chinese society by authors at home and abroad. The special focus for people's link is the embodiment that scholars seek the key which how social order to come into being and how social publity to form and how common sense to give birth to in complex civilization. China is composed of all kinds of geographic areas and the geographic areas take on diversity in ecological environment and residence and means of livelihood and historical-humanism tradition. These factors together shape complex people grouping mode of different parts in China. People's link of all kinds of area districts and how individual to bind community so as to form district social order and social publicity, by an extension of this logic, form Chinese social order and social publicity in more areas and at a higher lever. These topic has been concerned by a lot of scholars.

This works follow Emile Durkheim's and France social school's research tradition which has concerned about religion, ritual and society research and comprehensive review how logical theory of social order and social publicity to form in sociology and anthropology and use the concept of social person which sociology and anthropology has focused in recent years in order to analyze people's link in village society of Guanzhong area Shaanxi. No matter what geographic area and cultural area, Guanzhong area possesses distinctive historical status in Chinese civilization. Doth it is birth place of Chinese civilization and it offers typical sample which analyses Chinese society people grouping. Analyzing district area people grouping which both distinctive geographic predominance and unique humanism predominance will both make us deeply comprehend logic of social order and social publicity, and draw lessons form it to the contemporary Chinese social publicity and common sense.

Author adopts analyzing a typical case in homogeneity Guanzhong area society through funeral rite in the village and analyzes the topic of people grouping and social order and common sense. In the first place, author describes local social organization and the relationship of environment, village history, ritual, social organization. Secondly, author describes funeral ritual in the village and people shape social person through share of gift and labor, consequently come into being people's link and social order and village publicity and common sense. Last but not least, author exhibit individual who is impacted by modernity and commercialization resists the mode of people grouping in the village.

The works discuss how people of village society to reach link of individual and community making use of ritual media by investigating S village funeral ritual in Guanzhong area Shaanxi. By share and exchange of gift and labor in ritual, individual and household and community hold each other and contain each other in local village, accordingly, village society has been regenerated constantly. Of course, village ritual have all kinds, people in village reach grouping and social order reproduction in transforming these scenes and ritual in daily life. The works select funeral ritual to intercept section which methods is in common use by sociology and anthropology.

In field work, author at the same time also takes notice which subjective activity of individual who is impacted by modernity and commercialization exhibits.

The subjective activity of individual both scholar thinks individual liberation from shackle and scholar consider society eclipse and disjoint. In great changes era, village society which constitutes foundation and cells of agriculture civilization walks up where still deserve all scholars concerning in the future.

Keywords:people grouping   social publicity   funeral ritual   social person subjective activity

目　录

导　言
研究的缘起

　　1997年著者进入大学初次接触到社会学时，就觉得这门学科是一个比较有意思的东西。当时并没有把它看成学科而看成东西，原因在于当时并没有察觉自己以后会走上学术这条道路，因而把它看得很神圣。当时只是单纯觉得有意思，比如社会学中各个流派对于人类社会发展道路和规律的探求，让著者去反思一些东西，出于这个目的，著者兴致勃勃地找社会学的书籍疯狂去看。而到真正决定跨入学术研究的门槛时，蓦然回首，著者才发现自己对这门学科产生兴趣的原因有三：一是因为它以人及其活动的产物——社会——作为自己的研究对象，以社会及社会中的人作为自己的研究对象，涉及很多哲学层面的思考；二是它既有宏观层面研究，也有中观层面研究，更有微观场面研究，研究比较全面；三是它的研究方法既有使用数学工具的，也有利用座谈会等定性方法的。当然，刚接触时肯定不会有这么明确的认识，只是觉得它比较适合著者。直到著者考入上海大学社会学系，跟随张江华老师学习社会学及人类学时，前述三个层面的思想才逐步明确起来。

张江华老师的研究方向是社会人类学，田野经验主要来自广西壮族自治区，这也是社会人类学的学术主流，即以边缘反省中心，进而形成文化相对论的自觉认识，亦即费孝通先生的文化自觉。当著者作为张江华老师的弟子跟着他开始学习社会学及人类学理论时，著者就在设想著者以后会从哪一主题入手进行自己的研究。张老师曾经问过著者对哪方面感兴趣，著者因为接触过一些有关家庭方面的社会学文章，因此，随口就说对家庭这一主题感兴趣，并且希望能跟着张老师去广西做壮族家庭的研究。张老师告诉著者家庭到底如何定义，在社会学及人类学中依然是一个争议很大的话题。张老师的一番话让著者这个初生牛犊初步有了怕虎的感觉。当时著者想，一定得认真学习理论，不要再闹出这种笑话。

在硕士研究生开题之时，著者根据自己的兴趣和以往学术的研究脉络，给自己设定了有关社会结构和社会秩序的话题。选择这个方向，原因在于著者本身来自农村，从一个普通的农家子弟跨入研究生这个层次，这种社会流动的跨度不可谓不大。而在这种流动的过程中，著者的许多有天赋的同学和朋友却因为各种原因，没有坚持到这一步，因此，这个话题激起了著者的思考。然而，对于社会结构与社会秩序、社会流动的话题有多种切入方式，究竟应该如何切入，著者一时没有想好，一直想不出合适的切入视角，但是著者喜欢这个话题是明确无疑的。带着这种兴趣，同时也带着对于父母及亲朋好友命运的见证与思考，著者于2005年的暑假回家乡做这方面的田野工作。回到家乡做田野是基于以下考虑：社会学和人类学的田野调查需要能够进入情境。这种进入情境并非著者们经常所讲的走马观花式的调研，而是沉下心来，呆在某个村庄一段时间，仔细观察村落日常生活的方方面面并仔细加以记录，以下马观花的方式进行自己的学术研究。这个进入情境的标准要求很高，著者考虑到语言和经济承受能力等方面的问题，主动放弃了去广西壮族自治区做田野调查的打算。和张江华老师商量后，决定还是回自己家乡去做调查，在这方面不存在语言障碍和经济压力。就这样，著者回到了自己出生的村庄，陕西关中地区的一个村落，开始进入田野。这种田野方式纯粹出于方便，当时并未存有像马林诺夫斯基对于费孝通那样高的期望，即不是以他者身份进入田野，而是以知情人、参与者、见证者、亲历者的角色进入田野调查当中。这种身份带给著者后面很多的困惑，这种困惑源自于"异与己"身份在做研究时出现的冲突。这种冲突一直纠缠着著者，直到现在。

在这次为期两个月的初步田野调查过程中，著者观察到了村落中许多民众经常有相互送礼和互换劳务的行为，而村民之间这些礼物和劳务的往来用村落民众的话说是相互"欠人情"，他们认为在村子里不欠人情不行，否则你在村落生活不下去；经常欠人情不还也不行，那样你在村落也同样生活不下去，这两种情况都会被村人认为是不懂人情世故。村落民众如何通过礼物和劳务等互惠方式编织自己的日常生活，进而做到相互欠人情，或者相互不欠人情，这种机制是一种简单互惠还是有其他意涵囊括在其中？我们究竟如何认识它？是封建迷信、面子还是其他？这是著者初次进入田野时的困惑。

从田野中回到书本和理论，著者试图自行寻找这些问题的答案。通过大量专业书籍的阅读，著者对当地村落的互惠问题有了进一步深入的思考：隐藏在村落民众这些互惠现象背后的逻辑与动力究竟是什么？这些互惠仅仅只是人们的相互利用吗？如果是相互利用，那么互惠就是他们的一种生存技术吗？如果不是，那又是什么呢？是他们的生存目的吗？他们的人生意义就全靠互惠吗？好像也不是。由此著者认为如果只单纯了解这个村落的互惠现象，不了解互惠产生的逻辑及其隐藏在背后的深刻意涵，就根本没有办法透彻抓住民众日常生活的核心，没有办法得到著者想要的社会结构与社会秩序的主题目。

　　第二次回家乡做田野，偶然遇到村中一家老人过世。著者作为村落中的一员亲自参与了这个老人的丧葬仪式。在这个仪式过程中，全村人几乎全部都动员起来了，每家每户都有一到两个人在死者家中帮忙。有的家户不仅帮忙，而且还要随礼，随礼根据与死者关系远近轻重各有不同。在随礼与劳务互换中，村落民众借由礼物与劳务的互惠产生进而互动，并且在丧葬仪式的场合中，全村人聚焦在一起，面对着死亡带给人们的恐惧和村落成员丧失带给人们的悲伤。人们通过丧葬仪式中的消极礼仪深化这种悲伤，又通过蕴涵于其中的积极礼仪化解这种悲伤。由此而形成一种涂尔干在《宗教生活的初级形式》中论述的神圣性与世俗性的对立和交融。这是丧葬仪式具有的仪式性功能的一面。

　　而丧葬仪式的另一面则是它的社会功能。有关仪式的结构与反结构、域限等其他功能，社会学与人类学的作品已经讨论很多。著者重点关注的是仪式在维持村落社会秩序与村落公共性形成方面的功能。著者发现，在丧葬仪式场合中，全村人在一起，形成一种公共舆论的场合。人们聚在一起讨论这家人到底对老人生前好不好，孩子是否孝顺，家庭是否和睦，和睦与不和睦的根源到底是什么，是儿子的原因、媳妇的原因还是其他原因，等等。并且在仪式过程中，会给这家人一个评判，如果符合村落民众的道德标准，则村人集体给予他们社会声望的评价。如果不符合村落民众的道德标准，则他们这家以后在村落中将很难立足。在丧葬仪式这个村落的公共场合，通过礼物与劳务的互换产生的互惠，村落民众根据一些共同的价值理念进行人群区分与结合。众所周知，作为个体生命历程中的最后一个阶段，丧葬仪式处理的是死者的问题。然而如果简单这样理解就错了，丧葬仪式同时也处理生者的问题。借由这个仪式，村落民众既可以对下一代进行教化，灌输基本的公共性的伦理观念；也可以经由互动，产生一种社会结构之网，村落中每个个体都被网在这张网中不得脱离。丧葬过程中，村落民众结群借由互惠、仪式、舆论等，形成基本的村落公共领域，把民众紧紧扣联在一起。丧葬仪式具有的"分离——过渡——聚合"的三阶段特征及其在这三阶段特征中展现出的村落社会秩序及公共性的意涵，让著者深感兴趣。

出于对村落仪式及仪式具有的公共性的兴趣和进一步思考，著者决定把有关陕西关中地区的家庭形态变迁研究放在一旁，先去深入了解村落民众在仪式中运用什么方式互动，这种互动具有何种效果，这种效果能够给村落带来何种影响这样一些问题。

问题意识已经明确，接下来一段时间，著者边查阅相关文献边做村落调查。通过文献阅读，著者发现几乎所有的社会学与人类学的文献中都会有交换与互惠的相关研究，然而所有的理论也都认为无论人们通过何种方式进行互惠，互惠也只是人们的结群手段与技术，而非目的。调查中著者也发现村落内部的人们在丧葬仪式中表演的不仅仅是仪式本身，更展现出村落民众对社会结群与稳定村落秩序目的的诉求。村落民众尽管不会准确表达出只有在村落内部他们个体才有意义，然而，他们在仪式过程中使用种种方式进行结构的行动已经表明了这种意涵。在丧葬仪式过程中，人们一方面通过仪式表演、礼物与劳务的互换、公共舆论等方式把村落个体嵌入到社会体系之中，进而形成稳定的社会秩序和社会公共性；另一方面，村落民众面对因村落个体的死亡而造成的群体损失，他们需要一种过渡礼仪，这种礼仪能够帮助村落民众弥补这种损失，重新恢复村落社会群体与个体关系的平衡状态。而且，正如著名人类学家阿诺尔德·范热内普所言："每当人们想到丧葬仪式，首先会考虑到分离礼仪是整个仪式中最重要的组成部分，相比之下，边缘礼仪和聚合礼仪只是一带而过。然而，资料充分证明分离礼仪在数量上很少，且很简单；而边缘礼仪之过程本身与其复杂程度，则足需专题讨论。不仅如此，那些将亡者聚合到亡者世界之丧葬礼仪不但极其繁复，也最具意义。"[1]

　　基于上述考虑，著者在论文中开始把关注点从家庭的研究转为对村落社会人群结合方式的研究。而对于村落民众结群方式的研究，著者又选取不容易发生变迁的丧葬仪式的视角切入进行这一问题的考察与分析。著者试图通过丧葬礼仪这种过渡仪式，分别考察分离阶段、过渡阶段、聚合阶段三个阶段中，村落民众如何通过自己的行动，在仪式这种具有神圣性的公共场合，形成村落的个体与群体之间的结合，并且形成村落秩序和村落公共性。在这种想法的引导下，著者开始了本书的思考与写作。

---

[1]　[法] 阿诺尔德·范热内普：《过渡礼仪》，张举文译，商务印书馆 2010 年版，第 107 页。

第一章
中国人群结合方式文献回顾及问题提出

第一节　文献回顾与反思

对以往文献的回顾是学术研究的起点。在以往研究的基础上，我们可以与过去的研究进行对话，并且可以从新的角度对过去的研究进行了解，也才能清楚地确立将来的研究方向，这也正是牛顿所言的站在巨人的肩上的真正含义。

海内外的研究者长期以来一直对中国社会的组成及性质特别关注。然而中国地域广大，异质性比较强，一个学者想要经由一个地理区域的典型个案调查就能说明中国情况的现象是根本不可能的。这也是费孝通《江村经济》副标题备受质疑的原因。由此，费孝通后来主张采用"逐渐接近"、"类型法"的方式研究中国。这种逐渐接受不仅是选择各区域社会的典型村落进行解剖麻雀式的研究，更进一步还需要使用跨文化研究的比较法，通过比较达到"识得庐山真面目"，这种方法本质上是一种多点民族志的做法，对此著者深表赞同。

然而"逐渐接近"与"类型法"只是费孝通个人的想法，对于整体海内外学界来说，他们不见得认同这种想法。这些不同的想法就形成了国际学界对于中国研究的不同范式，最典型当属"理性小农与道义小农"的争论。尽管如此，所有学者也都存在一个基础共识，即海外的一些社会学及人类学研究针对同质性强的初民社会得出的结论很难适用于中国。因此，无论在海内还是海外的中国研究，都主张重新回到中国，回到现场。即使如此，依然同时存在着两种观点：一种是希望利用已有社会学及人类学研究的成果，在中国社会加以验证；另外一种是坚决主张从中国出发，眼睛向下，发现中国问题，而非利用海外理论解决中国问题。因为中国与西方有着显著不同，这两种观点同时影响着海内外中国研究。这两种研究倾向被王铭铭总结为："西方社会人类学者在从事中国研究时，常常面临一个理论上的自相矛盾：一方面，他们力图运用中国素材来研究西方社会理论的一般性问题，使其研究在理论界获得一席之地；另一方面，为了突出其研究的独特意义，他们也十分强调西方理论在解释中国素材时所表现出来的弱点。"[1] 关于这个问题，不仅是西方学者，就连本土学者也持有类似看法。

这种思路与想法也同时影响着有关中国村落社会人群结合的方式的研究，而且这个问题在不同时期、不同学科与学术脉络中被研究者反复不断探讨。许多研究成果是想从某一地域，或者某一村落或城市社区的经验材料得出一个具有普遍适用性的概括性理论。但是由于人类生活和生态环境的丰富多样性，社会科学本身的性质以及研究者个人的影响，社会学及人类学者对人群结合（human grouping）的概括性理论能否通过个案方式得出是存有疑问的。这种方法论上的问题直接导致了美国当代社会学家麦克·布洛维

---

[1] 王铭铭：《社会人类学与中国研究》，广西师范大学出版社 2005 年版，第 54 页。

提出:"扩展个案法,即将反思性科学应用到民族志当中,目的是从'特殊'中抽取出'一般'、从'微观'移动到'宏观',并将'现在'和'过去'建立连接以预测'未来'。"[1]

以往学界对中国社会人群结合方式的研究多集中在市场、权力、家族、宗族或地缘组织、神明信仰等方面,从这些视角考察社会秩序与人群结合。人群结群研究只是以往许多研究的副题,很少有专门谈论人群结群的专著。而对于中国社会的人群结群研究来说,仪式是一个绕不过去的门槛。对于仪式的分类、功能,学界已经有诸多探讨。在下面的文献回顾与综述中,著者把仪式单列出来考察,形成著者自己的文献回顾分类。下面著者从大陆的仪式研究、大陆的社会结群研究、海外的仪式研究、海外的社会结群研究四个层面对以往研究进行回顾,以期能为文章提供借鉴,为读者提供理论线索。

一、大陆的仪式研究

从仪式理论考察社会,首先我们要清楚人类仪式都包括哪些种类,其次才涉及这些仪式的结群功能。综观海内外学者对于仪式的研究,仪式大致包括以下几类:社会仪式、宗教仪式、其他仪式。社会仪式包括日常生活仪式、体育运动仪式、政治仪式等,宗教仪式包括宗教礼仪、过渡礼仪、巫术仪式等,其他仪式包括军事方面的仪式、美学方面的仪式等。本书所研究的仪式,主要涉及民众的日常生活仪式与宗教仪式。

大陆的仪式研究主要包括对制度性宗教与民间信仰的仪式研究,研究视角主要包括宗教社会学和人类学,研究对象主要包括汉族和少数民族。这方面的研究文献无论是论文还是专著都是浩瀚如海。从这一角度来说,仪式及

---

[1] [美]麦克·布洛维:《公共社会学》,沈原等译,社会科学文献出版社 2007 年版,第 79—80 页。

对于仪式背后的信仰的探讨研究在大陆已经成为一个相对成熟的理论体系。学者们仔细考察了仪式原因、仪式过程、仪式结构、仪式种类、仪式象征意义、仪式举行时间、仪式效力、仪式参与人员等。然而，我们仔细考察却发现，大陆的仪式研究依然只是简单跟随海外研究的步伐，人云亦云，很难有自己创新的想法，更不用谈及理论体系建构。在此著者只简单提及建国前及1978年社会学、人类学恢复之后一些具有代表性的社会学家及人类学家对于中国社会仪式及信仰研究的工作。

李安宅关于《仪礼》和《礼记》的研究在著者看来是其研究意义没有被深刻认识。《仪礼》和《礼记》作为两本最早规定中国人日常生活中的仪式行为的两本书，对中国后来的社会影响非常大，可以说这两本书是几千来中国人的行为指导，而李安宅可能正是出于这一原因而对两本书进行专门的社会学研究。正如李安宅先生在书中所说："中国的'礼'字，好像包括'民风'、'民仪'、'制度'、'仪式'和'命令'等等，所以在社会学的已在范畴里，'礼'是没能相当名称：大而等于文化，小而不过是区区的礼节。据社会学的研究，一切民风都起源于人群应付生活条件的努力。某种应付方法显得有效即被大伙所自然无意识地采用着，变成群众现象，那就是变成民风。等到民风得到群众的自觉，以为那是有关全体之福利的时候，它就变成民仪。直到民仪这东西再加上具体的结构或肩架，它就变成制度……因为成为群众现象的礼，特别是能够传到后世的礼，绝对不是某个人某机关所可制定而有效的。"[1]

在《〈仪礼〉和〈礼记〉之社会学的研究》一书中，李安宅详细考察了这两个文本中有关"礼"的规定。他认为礼起源于人情，既有积极求福的，也有消极防祸的，还有测量标准的。礼使得人异于动植物，并且使人成为社

---

[1] 李安宅：《〈仪礼〉和〈礼记〉之社会学的研究》，上海世纪出版集团2005年版，第3页。

会的一员。礼的标准和资格也有详细规定，并且育子有育子的礼仪，冠笄有冠笄的礼仪，婚嫁有婚嫁的礼仪，丧葬有丧葬的礼仪，祭祀有祭祀的礼仪。这些礼仪共同塑造中国的社会组织，比如血缘组织、地缘组织等。

他对丧葬过程的考察，因与本书相关，在此特意加以分析。比如葬前、葬后阶段分别有如下规定："人死，在床曰尸，在棺曰柩；对于尸有五事：招魂，开齿，束足令直，在口中放上饭和贝，小殓覆衾，堂上设帷；同时在棺上刻铭曰某氏之柩；洗尸而后装殓，小敛于户内，大敛于东阶；第三日行殡礼"；"既葬而封土，乃反哭，当日设虞祭。虞祭是卒哭之祭，已变丧奠而为吉祭，是为成事，次日奉主人庙，袝于祖父；但居丧者因为与死者的亲疏，而有缌麻、小功、大功、齐衰、斩衰等服"。[1] 这些礼仪规定，既符合前述"分离—过渡—融合"的三阶段，同时，著者在村落的丧葬过程中，也多次重复见到，这进一步证明了《仪礼》与《礼记》规定的丧葬礼仪历经几千年而未有之大变化，已经成为民众日常生活的一部分。同时，民众也把它作为自己的道德和伦理标准，主动实践。

林耀华在《义序的宗族研究》一书中，考察了福建地区一个乡村宗族的结群。作为本土人类学者研究本土民众及其习俗的著作，林耀华的这部作品可以说是所有学习社会学及人类学的人绕不过去的一道坎。《义序的宗族研究》从四个层面论述地方社会中的民众能够形成宗族，进而形成地方社会组织和群体的原因，这四个层面包括社区基础、社会结构、实际生活、心理状态等。作为一个由血缘、地缘连接起来的民族，数典忘祖是一句最能代表骂人的话语。因此，在宗族当中，对于祖宗的祭祀就成为民众心目中的大事，无论是建立祠堂祭祀还是墓祭，无不体现出神圣的一面。而一个宗族、一个家庭的

---

[1] 李安宅：《〈仪礼〉和〈礼记〉之社会学的研究》，上海世纪出版集团2005年版，第44—46页。

烟火接续，则成为宗族延续、家庭繁衍的有力象征。这种祖宗与子孙的互惠关系，在几千年来的中国社会中，一直这样被再生产出来，绵延不绝，这也是中国文化在几千年的风雨变幻中能够得以幸存的原因。《义序的宗族研究》正是基于看到这一点，因此，才由一个宗族的结群出发，考察中国社会的性质。并且在论述当中，作者把死丧和丧祭分开，单独分别进行考察。在死丧一节中，作者又分出死丧仪节与吊奠佛事，死丧仪节表明了亲属对于死者的礼仪，而吊奠佛事则表明亲友对死者的礼仪，这证明作者觉得中国文化个中三昧，明了丧葬是中国社会再生产的重要关切。而在丧葬一节中，作者又通过葬事仪节与祭祀仪节，说明了丧葬过程中的禁忌及生者与死者之间互惠关系如何达成。作者又从个人生命史的分期角度，考察了中国社会中的个体一生当中的几个重要关节及人们如何利用这些重要关节发展各种关系，结成各种联盟，形成社会结群。[1]

许烺光在《祖荫下》一书中，详细考察了中国人的亲属关系、信仰与仪式对于中国形成自身特色的社会组织的功能。正是因为对祖先的祭祀与怀念，才有了中国人特有的生活方式与行为方式。比如日常生活的住宅讲究阴宅和阳宅，对于祖先香火的承继，家庭的繁衍，祖先的生活，与祖先如何交流，祖先的荫庇等，这一切都伴随有相应的仪式。比如在"死亡与葬礼"一节，作者如此描述："死亡意味着一个人告别人间，进入灵魂的世界。在喜洲镇，举行葬礼是为了达到以下几个目的：（1）送灵魂早日平安地到达灵魂世界，（2）为了灵魂在灵魂世界能够平安舒适，（3）表达亲属悲痛的情感和对死者的依恋之情，（4）保证这次死亡不致引起任何灾难。"[2] 在喜洲的丧葬过

---

[1]　林耀华：《义序的宗族研究》，生活·读书·新知三联书店 2000 年版，第 151—173 页。

[2]　许烺光：《祖荫下》，王芃、徐隆德译，台北国立编译馆 1990 年版，第 131—141 页。

程中，人们对于尸体的处理和丧葬过程，与上面《仪礼》和《礼记》的记载基本大同小异。比如死者口中要含有东西，死后三日之内送葬，人们服丧的日期规定，吊唁之人包括哪些人等。对于许烺光先生的这一研究，后来北京大学梁永佳博士又做过回访研究，并通过当地的本主仪式与非本主仪式的研究，得出地域崇拜与人群结合的相关结论。

田汝康在《芒边市民的摆》一书中，通过对于那木寨"摆"的研究，说明了仪式对于当地人生活的重要性。"摆仅是一个宗教仪式，但是这个仪式却关联着摆夷的整个生活。它如同维摩诘经中所谓的须弥、芥子一样，在一个小小的宗教仪式中，竟容纳了整个摆夷文化的全面影响，甚而还启示我们对现时许多经济、社会、政治问题产生一种新的看法。"[1] "摆"与"非摆"、宗教仪式与超自然崇拜仪式对于当地人来说，意义绝不等同。作者的结论是当地人民的"摆"并不具有功利主义色彩，人们在仪式中对于物品的消耗，目的仅仅是消耗本身，这种消耗是为了克服当地社会的社会分化。对于当地人来说，工作是积累财富的手段，然而积累财富并不是为了扩大再生产，而仅只是为了通过消耗在仪式过程中平衡分化之后的关系和人与人之间的差异，进而实现社会中群体与个体的联结。对田汝康先生的这一研究，后来北京大学褚建芳博士又做过回访研究，并认为"摆"不仅是单方的奉献关系，而且也具有双向的交换关系，这种交换关系是当地强化自身等级性差异的手段。

周星在《灯与丁》一文中，通过"灯"的仪式，说明了在中国，通过隐喻的方式，"灯与丁"紧密联系在一起的关系。"灯，在中国民间文化中通常被视为阳物，是男子的标志。在中国各地的方言里，'灯'与'丁'大都发音相同或者相近。于是'灯'与'丁'基于谐音的关系，便逐渐成为我们

---

[1]　田汝康：《芒边市民的摆》，云南人民出版社 2008 年版，第 5 页。

文化中一个较具有典型性和代表性的征象和隐喻了。"[1] 接着，他仔细考察与分析了中国民间社会中有关灯的仪式，最后得出"在灯节或正月以外的习俗里，与'丁'或求'丁'相关的，大概主要有以下三类：一是在祭祖、拜神等宗教活动里，出现象征丁的灯；二是在民间的祈嗣活动中，直接以灯作为子宝的象征；三是在诞生礼、婚礼及丧礼等人生礼仪的一些重要场合，灯也往往被用为男丁、子孙后代乃至生命本体的标志"[2]。

王铭铭在《溪村家族——社区史、仪式与地方政治》一书中注意到了地方社区仪式在当代场景中的复兴。在书中他首先回顾了村庙与节庆的传统及这种传统的变迁，接着他讨论到这个村落的"法主公"祭祀仪式与非物质文化遗产的关系，最后他又回到了如何看待地方社会中的文化遗产问题。在他看来，村民操弄仪式既非传统的延续，也非灵验的遗产，而是一个"经过选择的传统，代表着已经成为现代革命和改革所破除的完整历史的有选择性复兴，代表着文化的最终消失和不符合现代性的文化形式的革除，更代表着民族化和全球化的历史正当性"[3]。

在另外一篇名为《神灵、象征与仪式》的文章中，王铭铭又讨论了仪式的区域性、历史性、社会性三者之间的关系，他认为："中国民间宗教和仪式具有社会性、区域性和历史性。首先它是对社会中人际关系、个人与社会、公与私以及伦理道德的界定。其次，由于历史和社会的原因，它形成一定的区域体系，在中国的区域格局中占有一定地位。最后，在历史过程中的漫延

---

[1] 周星：《灯与丁》，载王铭铭、潘忠党编：《象征与社会》，天津人民出版社1997年版，第3页。

[2] 周星：《灯与丁》，载王铭铭、潘忠党编：《象征与社会》，天津人民出版社1997年版，第20—21页。

[3] 王铭铭：《溪村家族——社区史、仪式与地方政治》，贵州人民出版社2004年版，第207页。

与再生，它表现出传统性，积淀为人们的历史意识和社会意识的主要组成部分，并在现代社会与意识变迁中体现出多样化的适应与反文化精神。"[1]

郭于华在《死的困扰与生的执着》一书中对于中国的丧葬仪式过程进行了详细的分析，并从哲学角度分析了中国人为什么这么重视丧葬仪式的原因。她认为，中国首先是一个家国同构的礼治社会，这个社会的原则是差序格局和血缘基础，礼治只是差序格局和血缘基础的表现。在书中，她也描述了古代丧葬礼仪的阶段："1、初终。2、小殓。3、大殓。4、葬前。5、葬时。6、葬后。"[2]同时在书中，她也探讨了死亡仪式的起源。她认为中国民间传统丧葬礼俗体现了社会功能和生命观念的一致，"一个方面强调的是个体生命的永恒不灭；另一个方面强调的则是群体、社会的整合与存续"[3]。在这中间既有原始思维模式的影响，又有中国传统宗教与伦理文化的渗透。

张海超在《空间视角下的白族本主庙与村庄的宗教生活》一文中，研究了一个云南白族村庄的本主庙与村庄宗教与仪式的关系。在大理白族的村庄中，本主庙是村庄的神圣空间，其中的建筑模式、神像布局等反映了白族的神灵崇拜、洁净仪式与神庙空间的关系。村庄的居民通过在本主庙内共同操办仪式以维持村落的信仰的完整，并能够把村庄民众、村庄与外界联系在一起。[4]

刘晓春的《仪式与象征的秩序》一文是一部描写赣南客家社会的人类学作品。作者从田野点富东村的自然环境、村落历史宗族组织、民间信仰等多

---

[1] 王铭铭：《神灵、象征与仪式》，载王铭铭、潘忠党编：《象征与社会》，天津人民出版社 1997 年版，第 121 页。

[2] 郭于华：《生的困扰与死的执着》，中国人民大学出版社 1992 年版，第 50—51 页。

[3] 郭于华：《生的困扰与死的执着》，中国人民大学出版社 1992 年版，第 113 页。

[4] 张海超：《空间视角下的白族本主庙与村庄的宗教生活》，载《云南社会科学》2011 年第 4 期。

方面入手研究罗、李两姓客家人围绕着父亲、母族、妻族之间的关系，通过对父族、母族、妻族等亲属关系的实践与仪式展演，向我们描述与分析了当地的地域认同以及村落的权力结构。[1]

大陆在解放前和解放后的仪式研究，并未像西方社会学及人类学那样，把它单独划分为一个研究类目，而是把仪式放置在一定的情境当中，透过仪式考察村落的结构、权力、亲属、市场等内容。这也反映出了中国本土的仪式研究并未单纯沿着西方的研究途径，尽管使用了西方的学术概念，在某种程度上证实或证伪了西方的理论，然而以往的仪式研究依然立足中国的实际，开创了一些属于自身的独特研究领域。

二、大陆的社会结群研究

大陆学者贺雪峰一直认为中国当前的乡村已经原子化，因此，他始终关注乡村的社会秩序，并通过对乡村选举的视角切入对这一主题进行研究。在研究过程中，贺雪峰注意到了乡村内部的人群如何通过各种方式进行结群，然而他对于人群结群的关注主要是从政治视角关注的。"村庄社会关联关注的是处于事件中的村民在应对事件时可以调用的村庄内部关系的能力。"[2]他也区分了四种类型的村庄关联，如表 1-1。[3]

	经济社会分化程度低	经济社会分化程度高
强社区记忆	A	Y
弱社区记忆	B	C

注：表中 A 代表的是社区记忆强、经济社会分化程度低的村庄类型；B 代表的是社区记忆弱、经济社会分化程度低的村庄类型；Y 代表的是社区记忆强、经济社会分化程度高的村庄类型；C 代表的是社区记忆弱、经济社会分化程度高的村庄类型。

[1] 刘晓春：《仪式与象征的秩序》，商务印书馆 2003 年版，第 10—12 页。

[2] 贺雪峰、仝志辉：《论村庄社会关联》，载《中国社会科学》2002 年第 3 期。

[3] 贺雪峰、仝志辉：《论村庄社会关联》，载《中国社会科学》2002 年第 3 期。

　　他认为当前中国农村的重要特点是传统的社会关系正在消解，现代的社会关系尚未建立，这种新旧交替的过渡是村庄失序的根本原因。如表1-1所示：A类村庄有较强的传统社会关联；B类村庄既缺乏传统的社会关联，又缺乏建立现代社会关联的能力；C类村庄传统社会关联力量较弱，但有建立现代社会关联的可能；Y类村庄不仅有较强的传统社会关联，而且有建立强有力的现代社会关联的能力。贺雪峰对人群结合方式的考察目的在于如何在今天转型社会中建立新的乡村秩序，有很强的对策性和应用性，而且他的假设是乡村秩序已经消解，这种把以前的乡村秩序视为静止，只有到今天才在消解的假设在许多学者看来根本不成立。

　　另外陈劲松在《传统中国社会的社会关联形式及其功能》一文中，将中国传统社会的结合方式分为巫术性关联、伦理性关联、契约关联三种形式，而且这几种关联在一个复杂社会中可能同时存在。若以占主导地位的社会关联来划分社会，中国传统社会是一个以伦理关联占主导地位的社会。[1] 对于陈劲松来说，他的这三种关联形式很有新意，然而把这三种关联形式与社会的发展阶段对应起来研究，就存在进化论之嫌。

　　郑振满、陈春声在《民间信仰与社会空间》一书中围绕着对于国家的意识和认同、仪式习俗与民众心态、神祇崇拜与地方社会、村庙与家族形成、村落内部关系与村落之间关系等主题考察中国基层村落的人群结合。陈春声通过对宋明时期潮州地区的双忠公崇拜的分析，既说明了双忠公崇拜的起源，也说明了双忠公崇拜的地方化过程，又说明了神的地方化与国家认同的关系。[2] 这种对于华南地域社会特征的研究，把地方社会内部的结群符码剥茧

---

　　[1]　陈劲松：《传统中国社会的社会关联形式及其功能》，载《中国人民大学学报》1999年第3期。

　　[2]　陈春声：《宋明时期潮州地区的双忠公崇拜》，载郑振满、陈春声编：《民间信仰与社会空间》，福建人民出版社2005年版，第43—70页。

抽丝似的展现在读者面前，是扎实的学术研究。

在同一本书中，滨岛敦俊对于江南地区的总管信仰进行了考察与分析。他试图通过总管信仰研究江南地区的公共性和民众结群。他通过对总管信仰的形成、总管称号的来历、金总管的产生、总管神在正嘉之际的变质的研究，具体论证了总管信仰与漕运和东南农村手工业和商品经济之间的关系。总管信仰对于江南地区的村落共同体及共同体内部的民众结群具有重要的作用。[1]

张宏明在《村庙祭典与家族竞争》一文中，通过对福建省浦县赤岭畲族乡山平村霄顶三界公庙的祭典研究，试图分析村落内部的家族关系，揭示民间宗教维持或创新的地方性原因及其背后的基本社会关系。在他看来，当地村庙祭典的安排，"透露出两个家庭对地方历史的不同诠释，反应了两个层次的社会关系。第一层是王姓、蓝姓两个家庭历史上在人口、政治、经济、文化以及地位、声望等方面的差异直接造成的，这是地方性层次上的社会关系。第二层则更进一步，是国家或者官方与社会或者民间的关系，即里社制度对民间宗教活动强有力的制约与影响……两个层次有各自的基本规则。官方里社强调同一里内的平等与合作，而民间规则却是实力的显现和各种资本的争夺。官方规则成为制约和影响民间社会的重要因素，但民间社会仍以主体姿态出现，消解或加强官方的影响力"[2]。正是祭典仪式把村落的姓氏团结在一起，使得基层村落有了独特的凝聚力。

刘志伟在《大洲岛的神庙与社区关系》一文中，对大洲岛的乡村庙宇、祭祀习惯和村落关系进行了研究。他认为岛上的天后宫仪式"请阿妈"的过程本质是大洲岛内的十三个村落被整合为一体的过程。因为妈祖的祭祀活动

---

[1]　滨岛敦俊：《近民江南金总管考》，载郑振满、陈春声编：《民间信仰与社会空间》，福建人民出版社 2005 年版，第 183—210 页。

[2]　张宏明：《村庙祭典与家族竞争》，载郑振满、陈春声编：《民间信仰与社会空间》，福建人民出版社 2005 年版，第 303—331 页。

是岛上最具有组织性和最广泛的社会包容性的集体仪式活动。全岛居民共同参与连续多天的祭祀活动，培养出了共同的宗教信仰和以共同的宗教为经验，强化了居民的认同感，并且形成岛上的自治组织。[1]

郑振满在《明清福建家族组织与社会变迁》一书中对福建的家族组织进行了历史考察。他发现福建省的家族组织并非像学术界想象的那样，单纯只是血缘与地缘组织。人们在与环境和社会斗争的过程中，结群的方式有多种多样。既可以根据血缘、地缘，也可以根据利益关系进行结群。由此他把中国福建地区民众的结群组织方式——宗族——划分为三种类型：①以血缘关系为联结纽带的"继承式宗族"；②以地缘关系为联结纽带的"依附式宗族"；③以利益关系为联结纽带的"合同式宗族"。[2]

阎云翔在《礼物的流动》一书中，研究了中国黑龙江省的一个村庄——下岬村——内部的礼物流动及人群关系的构建与维护。他首先描述了当地送礼的类别，包括表达性礼物和工具性礼物，接着他研究了礼物与关系网络的关系，包括义务性送礼和工具性送礼如何构建和维护关系网络，在礼物交换关系中，人们如何获得权力与声望，均衡互惠与非均衡互惠与村庄内部社会关系的再生产的关系，社会转型对当地的礼物经济的冲击和影响。他认为在四十年的社会主义实践过程中，中国村落内部的交换体系发生了显著的变迁，无论是仪式还是礼物内容。比如以前不存在的针对流产和结扎的随礼活动。而在礼物内容方面，因为国家的介入，导致礼仪生活被改造和简单化了，仪式性礼物变得粗糙得。最后他得出结论说："下岬村的礼物交换体系构成了类似的传统再利用过程，而不是传统的复兴。作为对40年社会主义实践的回应，

---

[1]　刘志伟:《大洲岛的神庙与社区关系》，载郑振满、陈春声编:《民间信仰与社会空间》，福建人民出版社 2005 年版，第 422 页。

[2]　郑振满:《明清福建家族组织与社会变迁》，湖南教育出版社 1992 年版，第 22 页。

下岬村民不断地采用新的礼物馈赠模式、修正他们对关系网的认识并调整他们对人情伦理的适应方法。"[1]

大陆学者对人群结合方式的研究，既有政治学视角，也有历史学视角，更有社会学及人类学视角。研究区域既有华南研究，也有江南研究，更有其他区域的研究。无论是学科视角还是研究区域，这些研究都丰富了社会学及人类学的理论素材。

中国台湾人类学者对中国人群结合方式的研究也很多。受台湾地区地理狭小所限，无论从学科视角还是研究区域，台湾地区的学者研究人群结群相对比较单纯。台湾地区学者认为中国村落社会有自己的特殊结群方式，这些方式包括血缘、地缘、信仰等。他们根据血缘、地缘、信仰等对中国台湾地区与大陆的人群结合方式做了详实的研究。著名的包括庄英章对宗族的研究，林美容等人对祭祀圈的研究等。

庄英章把中国台湾社会的宗族研究放到整个汉人社会发展过程的历史脉络中讨论。他认为：系谱与公共财产是宗族发展的基本条件，中国台湾移民初期以地缘为纽带，一些主要聚落是先有庙的建立，直到发展的第二阶段，血亲群体得以扩大之后，宗族组织才形成。这是一种先有寺庙后有宗祠的形式，它形成的原因是移民社会发展的阶段性，这种模式完全来自于中国台湾社会的经验。在中国台湾地区，寺庙和宗族对于人们日常的关联是十分重要的。[2]

台湾地区学者陈其南根据台湾汉人的田野研究，提出台湾汉人的宗族组织可以分为三种类型：①既有族产也有明确系谱的小宗族；②虽有族产而系谱不明确的大宗族；③既无族产而系谱也不明确的同宗关系。中国人结群的

---

[1] 阎支翔：《礼物的流动》，上海人民出版社2000年版，第222—230页。

[2] 转引自钟幼兰：《台湾民间社会人群结合方式的构成与发展》，载《台湾与福建社会文化研究论文集》，台北中研院民族学所，1995年，第114—120页。

方式基于亲属制度，而亲属制度中固有的关于"房"的观念，即儿子相对于父亲称为一房，直接明确地解明了一个家族的内部关系和运作法则。因此，只有透过房和家族的系谱模式，我们才有可能理解各种功能性亲属团体的构成法则和组织形态。[1]

仪式与社会秩序的关系，也可见台湾地区学者丁仁杰的研究。丁仁杰以会灵山运动为例，讨论了台湾地区在去地域化之后人们如何结群的问题。会灵山的信徒多半是在当代资本主义化、都市化乃至全球化趋势下，适应失调的弱势群体，如留乡的农民、都市边缘化以打零工维生的移民。这些人通过参加会灵山运动，不仅重新建立了人与土地的关系，更将其社会活动范围由原本的地方村落扩大到全台湾，甚至通过会灵山运动，与其他农村的信徒重新建立了人与人的关系。这个运动的本质是对资本主义情境下人的异化的反抗。[2]

台湾地区最著名的人群结合方式的研究是有关祭祀圈与信仰圈的研究。研究者注意到人群和祖籍是早期汉人移民结合的基础，也是地缘组织的依据，不同祖籍的人除了使用不同的语言外，也会祭祀不同的主祭神。这种神和庙是人们在日常生活中形成结合的根源和方式。

最早研究祭祀圈的学者是日本冈田谦。他在调查时发现不同祖籍的人群会祭拜不同的神明，而且这种祭拜的范围与通婚、市场交易的范围正好吻合，因此称为"祭祀圈"，它的定义是"共同祭祀一主神的民众所居住的区域"[3]。

施振民把祭祀圈和聚落发展结合起来，提出祭祀圈的另外解释，"祭祀圈是以主神为经，宗教活动为纬，建立在地域组织上的关联模式"。祭祀圈

---

[1] 陈其南：《房与传统中国家族制度》，载《汉学研究》第 3 卷。

[2] 转引自黄应贵：《反景入深林》，商务印书馆 2010 年版，第 260—261 页。

[3] 转引自钟幼兰：《台湾民间社会人群结合方式的构成与发展》，载《台湾与福建社会文化研究论文集》，台北中研院民族学所，1995 年，第 114—120 页。

成为一种宗教信仰地域单位,所属成员必须是一个完整地域单位内的所有居民,而且与主神之间有清楚的权利和义务关系。通过人们对神明的祭祀,他们通过承担对神明的权利和义务,相互之间建立了有效和连接体系。而且还把当地的社会组织、文化与政治制度都结合了起来。[1]

林美容以祭祀圈的概念解释了中国台湾地区草屯镇的人群结合方式,由此说明中国台湾人组织原则和特性。她认为汉人以神明信仰结合与组织地方人群,而且不同层次的祭祀圈之间的扩展表现了汉人社会以聚落为最小行动单位的一种融合与互动过程,进而她把祭祀圈发展为信仰圈。所谓信仰圈是以某一神明和其身份信仰为中心,信徒所形成的志愿性宗教组织。祭祀圈与信仰圈都是人们之间的结合方式。祭祀圈是地方性的,信仰圈是区域性的。祭祀圈的成员资格是义务性、强迫性的,信仰圈成员的资格是志愿性的。[2]

何翠萍则借鉴人类学的家社会理论,以云南几个少数民族作为研究对象,从空间与人观构建的角度提出自己的结群观点。她认为景颇人的结群方式与东南亚类似。东南亚的社会建立在一种同胞兄妹不可结合,但仍然是一家、一村甚至一国的人观,即一种异中求同的人观与结群方式。而交换型社会则建立在尽管同胞兄妹起源于同源,但因为婚姻关系的分隔,从而成为己与异的关系,即一种同中求异的人观与结群方式。她通过自己的研究认为云南的少数民族不断地利用家屋空间,通过仪式实践,构建自己的异中求同或者同中求异的人观,从而不断化解外来文明对于自身文化的影响。[3]

---

[1] 转引自钟幼兰:《台湾民间社会人群结合方式的构成与发展》,载《台湾与福建社会文化研究论文集》,台北中研院民族学所,1995年,第114—120页。

[2] 转引自钟幼兰:《台湾民间社会人群结合方式的构成与发展》,载《台湾与福建社会文化研究论文集》,台北中研院民族学所,1995年,第114—120页。

[3] 何翠萍:《人与家屋》,载《仪式、亲属与社群研讨会会议论文》,台湾中研院民族学所,2000年。

　　杨美惠的《礼物、关系学与国家》一书，通过她在北京的田野研究，说明了"在中国进入现代性的漫长而痛苦的过程中的一个非常紧张且挫折重重的具体时刻里，关系学的历史性复苏。在这一过程中，现代国家权力僭越了所有先前的机构制度的界限和文化限制，而主宰和统帅了整个社会秩序"[1]。在杨美惠看来，在国家制度对社会的总体性控制过程中，在国家与社会关系的紧张背景下，关系成为个体在这一紧张中的润滑剂，它帮助个体摆脱非个人的、行政的、控制与被控制的、上下级的科层关系，使得他们通过个人的人情的送与还联结个人与社会、个人与正式组织的关系。

三、海外的仪式研究

　　对于中国社会仪式的海外研究，首推法国人类学家葛兰言（Marcel Granet）的《古代中国的节庆与歌谣》，作者在此书中试图通过《诗经》中的作品，分析中国上古时期的仪式与社会。作者在书中首先努力描述了一些地方社会的节庆，这些节庆的仪式细节及古代文献对于这种仪式活动的解释，接着作者对其进行分析。葛兰言认为："从本质上说，上古的节庆是季节性的……即使在这样的风俗当中，节庆也会表现出人类的性质，正是从人类的性质当中，直接产生了他们凌驾于自然事件之上的力量；这些节庆是和谐的节庆，人们通过它们在社会中同时也在自然界中确立良好的秩序……这些节庆被赋予的力量来自对圣地的崇拜，因为它们以前曾是社会公约的传统象征，而这种社会公约正是土著共同体在他们的季节集会上所要颂扬的对象。"[2]

　　武雅士主编的《中国社会中的宗教与仪式》一书以台湾地区和香港作为

---

[1]　杨美惠：《个人、关系学与国家·中文版前言》，江苏人民出版社 2009 年版。

[2]　[法] 葛兰言：《古代中国的节庆与歌谣》，赵丙祥、张宏明译，广西师范大学出版社 2005 年版，第 8 页。

田野点，代表了国际学界在 20 世纪 70 年代对于中国民间宗教和仪式的研究水平。他们通过调查发现在中国民间宗教中存在着共同的分类体系：神、祖先、鬼。正是这个分类体系界定了中国民众的日常生活和仪式行为。神象征着帝国官僚体系，鬼象征外来的陌生人，祖先是自己的保护神。这与农民生活世界中的日常分类相联系。在小农的日常生活世界中，最经常打交道的也有三类人：一是征收赋税的帝国官员，二是家庭或宗族成员，三是来自村落外部的陌生人等。这一分类体和仪式划分系实际表达的是农民对他们的社会世界的划分。[1]

王斯福对于中国民间宗教和仪式的关注点与武雅士有些许差异。他在《帝国的隐喻》一书中尽管也强调这三种分类体系之间的区别，然而他的重点在于讨论这三种分类体系如何影响民众生活。他认为民间祭祀以家庭内部祭坛和社区庙宇为中心，他们三者内部有一定的结构关系。比如神和祖先象征着社会对它的成员的内涵和包容，而鬼则象征着社会对于某个界限之外成员的排斥。这种分类体系实际是以隐喻和象征的方式划定内外之别，使得群体有明确的界限，这种界限不仅存在于村落社区内部、村落社区之间，同时也存在于帝国内部和帝国对于世界的看法之中。[2]

芮马丁的《中国仪式与政治》一书讨论了中国民间的仪式的社会政治意涵。她认为中国民间仪式与世俗世界中的官僚仪式雷同之处很多，它是一种意识形态的交流和沟通方式。在宗教仪式中，神与官是等同的，祭拜者是比他们层级低的想求他们办事的人。仪式中的人与神的交流就像民众向官方汇报案件一样。中国社会中的仪式，本质是一种等级的反映和信息的沟通。[3]

---

[1] 转引自王铭铭：《社会人类学与中国研究》，广西师范大学出版社 2005 年版，第 148 页。

[2] 转引自王铭铭：《社会人类学与中国研究》，广西师范大学出版社 2005 年版，第 148 页。

[3] 转引自王铭铭：《社会人类学与中国研究》，广西师范大学出版社 2005 年版，第 149 页。

杨庆堃的《中国社会中的宗教》一书试图回答在中国社会生活和组织中，宗教承担了何种功能，从而使得宗教在民众社会生活中成为社会生活与组织发展与存在的基础，这些宗教功能又是通过何种结构形式实现的？他通过"制度型宗教"与"弥散型宗教"的概念，分析和回答了中西宗教在功能与社会组织方面的差异。根据他的研究，中国的本土宗教是被整合到世俗社会制度中去的，它的存在有着结构性基础，并且这种宗教的功能是依托于帝国体系的亲属制度等社会与政治机构的存在的。在中国，有组织的、制度性的宗教表面上看不如西方强大，但这并不意味着中国文化中宗教功能价值或宗教结构体系的缺乏。[1]

四、海外的社会结群研究

海外学者也是从中国传统村落社会的固有性质出发，研究人们的结群。这其中包括萧公权、弗里德曼、科大卫对华南的研究，施坚雅对四川省的研究，杜赞奇对华北村落社会的研究。

萧公权将中国的村落分为两种类型：单姓村与多姓村。单姓村的村落组织以宗祠为重心，多姓村的村落组织重心为村庙。宗祠与村庙具有相同的任务和功能。这是华南汉人社会人群结合方式的典型。无论宗祠还是村庙，都是在血缘基础上建立的社会结群方式。[2]

基于宗族在中国华南地区的重要性，弗里德曼在《中国东南的宗族组织》一书中提出宗族是人们日常的结群方式，而且宗族和村落、继嗣和地方社区相互重叠。人们的日常经济、社会活动全部在宗族里面展开，人们和宗族有

---

[1]　[美]杨庆堃：《中国社会中的宗教》，范丽珠等译，世纪出版集团2007年版。

[2]　转引自钟幼兰：《台湾民间社会人群结合方式的构成与发展》，载《台湾与福建社会文化研究论文集》，台北中研院民族学所，1995年，第114—120页。

千丝万缕的联系，而且宗族也愿意把他们的成员聚集在一起，这是华南中国社会的特性。"宗教其实是法人，宗教作为一个集体，有明确的成员制度，并能够拥有财产。根据这种看法，在华南，宗族就是控股公司，能否成为该宗族的成员，取决于能否追溯到共同的祖先。而宗族成员的身份，必须以参与宗族祭祀、确立宗族谱系而展现出来。"[1]

科大卫（David Faure）在《皇帝与祖宗》一书中探讨了华南的国家意识形态与宗族形成的关系。他认为："宗族就是地方社会与国家整合的这样一种产物。要充分了解宗族，就必须明白：王朝意识形态所提倡的宗族，其实并非那种在明朝之前就普及于地缘社区、并直到清中叶仍普及于比较贫穷和弱势的地缘社区内的宗族。那种在明朝之前就存在、并于比较贫穷和弱势的地缘社区内继续存在的宗族，是控制乡村入住权的宗族。换言之，只要被确认为宗族的成员，就有权到山边拾柴炎，在荒地建屋。宗族的普及，得力于两种制度，即白纸黑字的族谱和被称为'家庙'的符合官方规制的祠堂。"[2]

施坚雅（Skinner）在《中国农村的市场和结构》一书中，根据中国四川省成都市的经验，提出中国农村基层的社会结群是以市场为基础的，中心地点级序的确定有以下三大标准：①人们可获得的商品与服务；②区域内部人员市场行为的规律；③商人与卖货人巡回流动的模式。整个基层社会都是以市场为中心成六角形分布的。[3]

杜赞奇在《文化、权力与国家》一书中提出，华北的中国社会组织和社会结群是基于国家政权建设基础之上的权力的文化网络。"权力指个人、群体和组织通过各种手段以获取他人服从的能力，这些手段包括暴力、强制、

---

[1] 转引自 [美] 科大卫：《皇帝与祖宗》，卜永坚译，江苏人民出版社 2009 年版，第 2 页。

[2] [美] 科大卫：《皇帝与祖宗》，卜永坚译，江苏人民出版社 2009 年版，第 11 页。

[3] [美] 施坚雅：《中国农村的市场和结构》，史建云、徐秀丽译，中国社会科学出版社 1998 年版，第 11—24 页。

说服以及继承原有的权威和法统。""权力的文化网络"是一种等级组织和非正式相互关联风，它们构成了施展权力和权威的基础。"文化是扎根于这些组织中、为组织成员所认同的象征和规范。这些规范包括宗教信仰、内心爱憎、亲亲仇仇等。"[1]

施坚雅、杜赞奇和弗里德曼、萧公权四人的研究，一个是四川人群结合方式的经验，一个是华北人群结合方式的经验，两个是华南人群结合方式的经验。尽管研究地域不同，然而他们都是一种宏观的结合方式研究，他们的研究形成了中国人群结合研究的"范式"，今天人们对于中国区域社会人群结合方式的研究，都绕不开他们。当然对于这几种范式，人们还存在很多争论。

通过对上述中国社会人群结合文献的浏览和回顾，我们发现对于中国社会的研究，首先一个显著特点是社会学与人类学不分家。在诞生社会学与人类学的西方，社会学以工业社会作为自己的研究对象，而人类学则以资本主义世界之外的异民族社会作为自己的研究对象。然而因为中国早期学者的努力，使得中国社会的研究基本囊括在社区研究这一含义广阔的名称之下。在这一脉络之下，学者们研究人群结合，首先考察中国社会中的基本单位——家庭，由家庭及其具有的伦理出发，再考察宗族，由宗族的结群方式，再到整个帝国或者国家这样一个研究逻辑。仪式则在这一结群过程中起到了非常重要的作用，即它成为中国社会人群结群的最重要的方式和纽带，这一纽带既体现在普通民众的家庭之中，也体现在地域化的宗族当中，更体现在广阔的帝国治理体系当中。因此，从仪式的角度考察中国社会人群结群与社会秩序的形成与产生是一个最好的视角，同时也能得到最本质的结论。

---

[1] 杜赞奇：《文化、权力与国家——1900—1942 年的华北农村》，江苏人民出版社2003 年版，第 3—4 页。

第二节　问题提出

　　然而，浏览已有的有关中国人群结群的文献，我们可以看到有关中国社会人群结合方式的研究要么从人群结合性质，要么从中国社会的基本构成单位，要么从权力对于中国社会结构的影响，要么从经济生产方式及其对民众的影响，要么从宗教与信仰等单一的视角研究中国社会中的人群结合，这种单一视角的优点在于研究者在从事研究时可以排除或者有效控制其他变量或者因素的影响，最大限度地把中国这个复杂社会中不同地理区域中人们的结合样态呈现出来。然而已有的这些研究，只关注社会规范、社会性质、社会群体对于中国社会中个体的制约和影响，而忽视个体对社会规范或群体的反作用或者说影响。这种研究体现出了社会学和人类学研究社会时的总体性视角和观点，可以说是一种只见社会不见人的研究模式。

　　尽管也有学者不断呼吁也不断进行实践一种关注组成社会的个体行为的研究，即部分学者也注意到了上述只见社会不见人的研究模式，他们也希望能够既见社会也见人，因此，采取了一种二分法来研究中国社会中的人群结构，即使用雷德菲尔德在研究墨西哥社会时提出的"大传统与小传统"的研究思路和框架来研究中国社会。他们试图以大传统文化统合基层民众的文化及结群，以小传统统合精英文化及结群。这种研究没有注意到的是在中国，大、小传统根本不存在明显的界限，大、小传统本质是相互影响、相互作用的。

关于这一点，近年来学者们已经开始有所关注。在一本名为《中国大众宗教》的书中，学者们讨论了这一点，并由此激起了热烈的有关中国仪式与中国社会人群结群性质、区域社会结构性质的大范围讨论。[1]

从清末中国开始受到世界冲击以来，历代学者不断关注中国近代社会的转型及这种转型对于中国社会性质的影响。村落社会作为构成中国广阔地域社会的基本细胞，它在这种数千年未有之大变局面前发生了什么？村落民众的生活方式又有什么改变？这是社会学及人类学在中国传播以来一直的使命，即探讨中国民众的日常生活。而从建国以来，中国社会更是在总体性社会的格局之下，发生了前所未有的更新，权力与意识形态已经左右了民众的日常生活，成为影响他们行为的最主要力量。

然而，改革开放以来，这一切随着市场经济建设的不断推进，意识形态色彩的不断淡化，国家权力从乡村的退出，民众重新获得了一定程度的自由，民间的仪式传统在某种程度上又有所恢复。但是这种恢复的仪式与人群结群方式已非原有的模式，而是经过国家政权改造过的结群方式。乡村大传统受到国家新的意识形态改造过程中，村落原有的仪式及人群结群方式发生了什么变化？国家新的意识形态这种小传统如何渗透进村落，并对于村落民众的大传统产生影响？村落民众如何应对这种外来的影响？等等，这都是我们今天在转型期需要关注和研究的话题。

今日中国区域社会中的村落人群结构呈现何种构成样态？村落中民众个体与社群通过何种方式连接在一起？民众个体又通过何种方式与村落外界联系在一起？村落的边界到底在哪里？由于权力、意识形态、市场经济等因素的影响，又由于中国社会的区域地方性比较鲜明，这些因素在不同区域之间

---

[1] ［美］韦思谛：《中国大众宗教》，陈仲丹译，江苏人民出版社2006年版。

的组合及相互作用又不均衡，这导致问题进一步复杂化，即不同区域社会的不同变量影响下的人群结群方式多种多样，这使得学者们对人群结群的理解和认识存在很多分歧。然而，分歧的存在并不能掩盖已有的研究成绩和存在的问题，因为中国乡村社会村落的性质及其构成始终是社会学及人类学研究中国绕不过去的一道坎。在大规模推进城市化的今天，对于此一问题的研究更加凸现。

绝大部分学者会认为转型期的乡村社区个体与群体之间的联结纽带正在逐步消失，乡村社区正在逐步解体，这种逐步消失和解体是因为乡村社区受到了内外力的共同影响。内力包括社区内部的变迁，外部包括国家权力、意识形态、市场因素、城市化的推进等。传统意义上的乡村共同体正在经历很大的变迁。[1] 还有许多学者从实践中得出乡村社区尽管发生了巨大变迁，然而有关乡村社区解体及个体与社群之间的联结纽带消解的结论是不正确的。如果事实真是如此，中国就不再会有每年春运的返乡客流。这种返乡客流带给人们的思考应该不仅是流动人口的思考，而且更应该反映出乡村人群联结纽带依然存在，社群依然存在，只是存在的方式发生了变迁而已，而且这种存在也在中国不同的区域社会以不同的方式表现出来。[2] 上述这两方面的研究也是沿着海内外已有研究的思路展开，研究者多从村落社会中的家族、宗族势力、村落权力、神明信仰、选举事件等角度切入当前的村落，进而研究村落的人群结群及村落的其他方面。

---

[1] 刘玉照：《村落共同体、基层市场共同体与基层生产共同体——中国乡村社会结构及其变迁》，载《社会科学战线》2002 年第 5 期；另见 [日] 丹乔二：《试论中国历史上的村落共同体》，虞云国译，载《史林》2005 年第 4 期；张思：《崩变与变革前夜的华北村落共同体社会——沙井村：1940—1949》，载《福建论坛》2005 年第 8 期；郭冬梅：《近代日本的地方自治与村落共同体》，载《日本学论坛》2004 年第 1 期。

[2] 李国庆：《关于中国村落共同体的论战——以戒能—平野论战为核心》，人大复印资料（社会学），2006 年第 2 期。

通过对田野的调查，本书著者并不赞同村落共同体完全解体、人群结群完全消解的观点，因为各个地域社会人群的结群方式是与地方社会的生态环境、历史情境、文化传统等有着密切的互动关系的。以往对于村落解体、人群结群方式消解的观点和研究也只是一种单纯对村落社会组织方式的探讨，这些探讨依然未能清晰地呈现出转型时期中国基层村落人群结群到底是何样态？这种结群是动态的还是静态的？它未来走向何处？已有研究未能回答诸如此类的问题。而对于这些问题的回答，则是我们进行中国研究的基础。

针对已有研究的缺陷和不足，著者试图通过在陕西关中地区村落社会的田野调查研究，力图回答以下问题：区域社会的村落人群结群的样态为何？村落中个体与群体、群体与群体通过何种方式结群及形成组织？进而在对这两个问题回答的基础上，进一步思考中国社会的村落秩序及社会公共性问题。在对田野个案描述与分析的基础之上，本书持这样一种观点：在中国基层村落社会当中，每个个体都是一名"社会人"，它既非单独的个体，也非完全的群体，而是一种介于个体与群体之间的复合体，这种复合体村落内部个体与个体之间通过不断互动建构起来的，是一种个体对个体、群体对个体、个体对群体的塑造过程，而且这种塑造不是单向的，而是多向的、动态的、互动的。村落社会人的塑造过程就是村落社会个体与个体、个体与群体之间的人群结合方式自我展现和运行的过程。在市场经济日益推进、个体意识不断展现的当代中国，"社会人"这一概念是考察与分析中国社会秩序形成与良性运行的核心概念。正是村落民众个体与个体不断地互动、沟通，才会产生村落共识与公意，村落的公共性也才由此形成。

著者以陕西省关中地区一个村落社会丧葬仪式的个案为例，力图通过对塑造社区内部个体、家户、社群之间"你中有我，我中有你"的紧密结群状态机制的研究和分析，说明区域社会村落内部的人群如何结群、村落秩序如何形成、村落公意如何达成等问题。

著者认为村落社会人的养成和塑造机制的运行并非是单向的，它既有群体对个体的约束和塑造，也有个体在仪式过程中间，在村落这个场域内部，既接受社群的规约并把它内化为自己的日常行为规范和价值准则，同时个体对于群体的规约反动的过程。这种个体对群体的反动本质是一种反向塑造，这种反向塑造也是村落新的规约和日常行为规范、价值准则重新形成的过程。从这一角度理解，村落的人群结合和秩序永远处于一幅动态不居的场景当中，因此，也就不会存在学者们所述说的村落解体和人群结群消解的结果。在村落视野中，除非个体逃离村落，否则村落的这种规约机制会一直对个体产生影响，不断塑造个体，尽管也不断会有个体试图在村落场域当中通过努力突破村落的这种塑造，然而在著者田野的有限时空内，村落内部个体的这种突破依然没有取得太大成功，村落对于个体的塑造依然有效地发挥着作用，村落依然在有效自主运行，村落民众的生活依然呈现出社会人的生活样式。

第二章
概念工具与研究方法

第一节　社会人概念的形成和本书的界定

社会人概念的来源最早可以追溯到社会学及人类学早期的经典作家，他们对社会的观察和论述中包含了深刻的社会人思想。经典作家中斐迪南·滕尼斯、涂尔干、齐美尔的理论对社会人概念的形成有直接的影响。

德国社会学家斐迪南·滕尼斯在《共同体与社会》一书中提出关于共同体与社会的区分，在对共同体的论述过程中隐含了社会人的思想来源。他认为社会是一种有机和机械的形态，无论是有机的亲密单纯关系还是机械的聚合都是一种复合体。他认为："血缘共同体作为行为的统一体发展和分离为地缘共同体，地缘共同体直接表现为居住在一起，而地缘共同体又发展为精神共同体。作为在相同的方向上相同的意向上的纯粹的相互作用和支配。地缘共同体可以被理解为心灵的生活的相互关系，犹如精神共同体在同从前的各种共同体的结合中，可以被理解为真正的人的和最高形式的共同体……考察到这些原始的方式的各种很容易理解的名称相互并存：1、亲属；2、邻里；3、友谊。"[1] 而且"共同体相互之间的——共同的、有约束力的思想信念作为一个共同体自己的意志……它就是把人作为一个整体的成员团结在一起的特殊社会力量和同情……也就是说，默认一致是建立在相互间密切的认识之上的，只要这种认识是受到一个人直接参与另一个人的生活即同甘共苦的倾向所制约，并反过来又促进这种倾向。因此，结构和经验的相似性越大，或者本性、性格、思想越是具有相同的性质或相互协调，默认一致的可然率就越高"[2]。

"社会——通过惯例和自然法联合起来的集合——被理解为一大群自然和人为的个人，他们的意志和领域在无数的结合中处于相互关系之中，而且在无数的结合之中也处于相互结合之中，然而它们仍然是独立的，相互之间对内部没有影响。"[3]

斐迪南·滕尼斯提出共同体与社会两种理想类型，指出人们之间连接的两种方式（有机的和机械的）及其两种意志形式（本质意志和选择意志）是社会人概念的最早启迪来源之一。因为无论是有机的还是机械的，也无论是本质意志还是选择意志，其成员的组成都是公众性的。

齐美尔认为社会学要研究社会交往的形式，社会既是社会化个人的复合体，也是各种关系形式上的总和。他认为虽然一切人类的行为都是单个人的行为，但是多数的行为本质上可以追溯为个人所处的群体和特殊的相互作用给予个人的约束而得以解释。他的注意力集中在构成较大社会结构的个人之

---

[1] [德] 斐迪南·滕尼斯：《共同体与社会》，林荣远译，商务印书馆1999年版，第65页。

[2] [德] 斐迪南·滕尼斯：《共同体与社会》，林荣远译，商务印书馆1999年版，第72页。

[3] [德] 斐迪南·滕尼斯：《共同体与社会》，林荣远译，商务印书馆1999年版，第108页。

间相互作用的基本模式上，也即社会个体之间的相互作用。他指出，社会是由一个单个的人所构成的复杂的相互作用网络，是因相互作用而联系起来的无数个人的一种总称。形式社会学的定义就是研究人们在历史和现实中的种种相互作用、联系和行为，其中都存在着一种基本上类似的相互作用模式。在此，他并不关注个体的社会行动，而是力图阐释个体与其他个体之间的行动之间的联系，以及与特殊的社会结构或过程之间的联系。"社会人不是'社会的'和'个人'二者简单的相加。社会人的形成是由一个基本的统一体所决定的。我们只能认为他是由两个在逻辑上相互矛盾的决定因素组成的综合体。人既是社会的环节，又是他自己本身；既是社会的产物，又是自主生活的产物。当一个人做出决定的同时，他已经被社会所决定。当他准备采取行动时，他只是按照社会的要求在行动。"[1]

齐美尔通过个体与个体的互动与交往形式的研究，认识到了个体身上的社会人一面，同时他也看到了群体规模对个体与个体之间的交往、个体与群体之间交往的影响，群体内部的个体之间的冲突、群体与群体之间的冲突和连接、群体间各种关系等。他的形式社会学是社会人概念的直接启迪来源之一。

涂尔干在《社会分工论》中提出机械团结和有机团结的连接方式。"机械团结是一种固有的团结，它来源于相似性，同时又把个人与社会直接联系起来。"[2] 与这种团结相联系的是压制性法律。"有机团结是一种相互依赖性的团结，建立在社会分工的基础上。"[3] 与这种团结相联系的是恢复性法律。涂尔干认为人具有双重人格，即人是拥有身体、意志、欲望的人和社会的人。人之所以为人，必须具备社会化个性，而只有处于社会之中并经过社会的磨炼，

---

[1]　[德]刘易斯·A·科塞：《社会学思想名家》，石人译，世纪出版集团2007年版，第78—185页。

[2]　[法]涂尔干：《社会分工论》，渠东译，商务印书馆2005年版，第68页。

[3]　[法]涂尔干：《社会分工论》，渠东译，商务印书馆2005年版，第91页。

人才能成长为完整的人。他强调现代社会通过各个组成部分之间的紧密配合和相互影响，形成社会秩序和社会整合。然而没有共同信仰体系之下的整合，现代社会就无法取得某种程度的共识。机械性团结的社会中，共同信仰与在公共活动中发挥共同信仰作用的规范没有明显区别。有机团结的社会中，详尽的规范逐渐从总体信仰中相对独立出来。[1]涂尔干的这些想法对社会人概念的形成有着直接的影响。

受到涂尔干的影响，法国社会学家莫斯在《论馈赠——传统社会的交换形式及其功能》中提出的社会人概念的雏形。莫斯分析了"全面给予"（prestations totales）的馈赠交换行为。参与这类交换的是群体或是代表群体的个人。他的兴趣在于观察和分析那些社会关系中的生产和再生产、亲属关系、礼仪关系，总之是一个特定社会中群体与个人生存的社会条件所需要的各种各样的馈赠交换活动。这一类的馈赠之所以是"全面的"，是有两方面的含义，一是说馈赠行为的多面，它包含了经济、政治、宗教、艺术等社会行为，二是说馈赠交换会引起一系列的规模更大的馈赠，以至于调动了众多群体和个人的财富和精力，甚至使整个社会处于一种行动状态。它是社会再生产的一种机制和基本的环节。

"人类社会再生产需要三项原则和三个基础的组合方能实现。那就是必须馈赠一些东西，出售或交换一些，再就是保留一些。在我们的社会中，买卖交易成了占主要地位的社会活动，卖意味着将东西与人彻底分离；馈赠总是使赠出的东西保留着原主人的某种特性；而保留则是不让有些东西与人分离，因为这些东西与人之间的联系代表着人的历史和认同，应该传承下去的，至少就传承至这一认同不再生产之时。卖、留、给这三种行为与东西本身因三

---

[1]　[法]刘易斯·A·科塞：《社会学思想名家》，石人译，世纪出版集团 2007 年版，第 119—121 页。

种不同的背景所表现的意义而异，可以转让的东西是商品，不可转让但又被转让的是馈赠，不可转让和无法转让的是圣物。"[1]

在后来的人类学和社会学的研究中，克劳德·列维·斯特劳斯把《论馈赠——传统社会的交换形式及其功能》中的这些原则用于分析人们的日常生活，他认为人们日常生活中最基本的社会组织是亲属，而亲属关系所反映的是一种社会关系，在这个社会关系中包括了丈夫、妻子和能够为丈夫提供妻子的社会群体。由丈夫、妻子和为男人提供女人的社会群体组成的基本社会关系包括：①夫妻关系；②兄弟姐妹关系；③父子关系；④甥舅关系。这四种关系中既有血缘关系，也有亲缘关系，还有继嗣关系。人类社会不断能够再生产下去的原因在于一个男人能够从另一群的男人所提供的女儿或姐妹中获得女人，而这种获取方式包括限制性交换和普遍性交换。正是因为女人作为社会群体之间的礼物被赠予，组成人类社会的亲属关系才会存在。[2]

前述这些社会学及人类学的经典作家虽然没有正式提出社会人概念，但是他们在他们的作品中无不渗透着社会是由社会人构成的这样一种思想。他们作品的核心概念已经一步一步勾画出了社会人概念的轮廓、特点和深刻意涵。他们的研究同时也渗透了社会人概念的本质，即社会的构成是由群体中的人们通过交换、互惠等方式形成事实的分享和债务，这种事实上的分享和债务把所有成员限定在一个群体中，使得他们因为相互欠债而无法脱离。

正式提出社会人概念的是哈里斯（Grace Gredys Harris），他认为人们通过财产、劳务、妇女的交换而形成社会连接，由此而形成社会人。在一篇名为 Concepts of Individual, Self and Person in Description and Analysis 的文章中，

---

[1]　[法]莫斯：《论馈赠——传统社会的交换形式及其功能》（中文版序），卢汇泽，中央民族大学出版社2002年版，第22页。

[2]　[法]克劳德·列维·斯特劳斯：《亲属关系的基本结构》，张祖健译，中国人民大学出版社2006年版。

他区分了生物性的人、心理性的自我和社会人等几个概念。哈里斯认为人类学对于社会的研究需要仔细区分清楚以下三个概念：①宇宙中存在的许多实体中有生命的实体；②作为存在或自我体验的人类；③作为社会成员的人类。社会人的意涵在于人是社会中的行动者，他们的行动具有一定的意涵。这些意涵在不同的文化中具有不同的解释。[1]

古德（Jack Goody）提出财产也是一种人与人之间的关系，它也形塑人们的结群，由于财产，人们相互关联而结群。他在 *The Development of the Family and Marriage in Europe* 一书中，首先考察了希腊和罗马的财产继承制度根源，然后接着考察了这种财产制度在基督教诞生和在西欧的传播带给西欧社会财产继承的影响，这种影响透过教会对于西欧男女婚姻的适婚年龄、婚姻中男女的行为模式、妇女和孩子在婚姻中的角色、妇女的嫁妆和其对嫁妆的权利等。通过考察西欧的婚姻模式及妇女权利的变迁，他认为基督教对于婚姻和财产继承的规定深刻影响了西欧社会的发展。[2]

玛丽琳·斯特拉森和莫里斯·戈德里尔的 *Big Men and Great Men* 一书是有关新几内亚高地的大人和伟人的论文集。瓦格纳（Roy Wagner）的《分形人》（*The Fractoral Person*）和玛丽琳·斯特拉森（Marily Strathern）的《一个人和许多人》（*One Man and Many Men*）都是有关社会人概念的描述。这些文章的田野经验资料全部来源于新几内亚高地。[3]

---

[1] Grace Gredys Harris:"Concepts of Individual,Self and Person in Description and Analysis,"*American Anthropologist*,1989,pp.599-612.

[2] Jack Goody:*The Development of the Family and Marriage in Europe*,Cambridge University Press,1983.

[3] Maurec Godelier and Marilyn Strathern:*Big Men and Great Men*,Cambridge University Press,1991,pp.159-173.Marilyn Strathern:*The Gender of the Gift*,California University Press,1988. 魏捷兹：《澎湖群岛的村庙公司与人观》，载《台湾与福建社会文化研究论文集》，中央研究院民族学研究所，1995。

　　美拉尼西亚的田野经验指出，在美拉尼西亚地方社会，人们观念中不存在个体和群体的概念，他们的社会和个人既非个体，也非群体，既非单数，也非复数，既非部分，也非总和。[1] 美拉尼西亚的人们，他们本身就具有一个完整的意义，在他们身上，既有别人的影子和镜像，也有自己在别人身上的投射，还有自己的一部分，他们既是整体也是部分，他们是一种内在的社会实体。

　　"分形人绝不是一个和总体有关的单元，也不是一个和单元有关的总体。他本身就具有完整的实体的含义。或许关于一体化关系的最具体的例证来源于人类繁衍过程中的宗族观念。一个人作为另一个人的一部分被生育出来，然后自身再成为另一些人的生育者。这样，宗族就把人们束缚在了一起，人们被看成是从另一些人的生命历程中萌生出来。作为人类、世系、宗族成员的人都遭到了武断的分割和束缚。但是，通过身体再生产的束缚只是诸多一体化关系的一个例证，除此之外，人类对语言的共享也属于这样的例子。"[2]

　　"当一个大人物成为大多数人的债权人的时候，不管把他看成是一个综合者还是一个经纪人，他都变成了一个社会力量的组织者。当他从个体尺度变为社会尺度的时候，中间经历了一个放大的过程。在社会学中，小规模社会行为的结果也是能过尺度变换方式得出的，那就是连续的从个体聚合为群体，再把群体个体化的过程。社会结构或社会组织理论的每一个方面都包含了这样一个转变过程：从个体或者家庭到世系或村落，从世系到氏族或社会，

---

　　[1]　Maurec Godelier and Marilyn Strathern:*Big Men and Great Men*,Cambridge University Press,1991,pp.159-173.

　　[2]　Maurec Godelier and Marilyn Strathern:*Big Men and Great Men*,Cambridge University Press,1991,pp.159-173.

区域或区域联合。"[1]

"单独的个人由其他人构成有双重意思。一方面，无论是大人还是伟人（big men and great men）都例证或复制了一些全人类共有的特征，那就是在集体生活中的突出性（prominence），无论是在仪式性交换中还是最初的仪式中，这些突出性使得公共生活最终显示出了男人的气概。男人过集体生活就被视为有能力。正如莫里斯·戈德里尔展示的布鲁亚（Baruya）的情况。另一方面，像所有人一样，每个人也描绘了一种复合的异质关系，这种关系源自男人自身获得多样性关系的能力，同时也包含这些能力。男人的能力因此包括他们进入与其他人关系的场景中的能力。这些关系的效果是利用他们特定的纽带特殊化与别人的关系。如果大人（big men）或伟人（great men）包括这种多样性，那么有可能他们可以扩大他们的内部和外部的关系。"[2]

上述所有的人类学家都从自己的田野经验中指出，任何社会的任何个体都不是完整意义上的个体，他们或多或少都在自己身上有着别人的影子，这种影子既是通过濡化过程（或者社会化过程）得来的，同时在人的生命历程中又不断通过礼物和商品交换赋予这种个体以复合的角色，从而使得这种复合体的个体成为一个社会人。因此，使用这个概念考察社会转型和变迁中的人群结群具有不可替代的优势。因此，著者使用这一概念考察陕西关中地区村落社会中的人群结合，这种结合背后是这个村落的生产和再生产。

著者在本书中使用的社会人概念也不走出经典作家的定义，并且是沿着民

---

[1]　Maurec Godelier and Marilyn Strathern:*Big Men and Great Men*,Cambridge University Press,1991,pp.159-173.

[2]　Marilyn Strathern:*One Man and Many Men*,Maurec Godelier and Marilyn Strathern,*Big Men and Great Men*,Cambridge University Press,1991,p.198.

众的足迹前进的。本书中的社会人概念界定既有经典作家的影响，也受到玛丽琳·斯特拉森（Marily Strathern）和莫里斯·戈德里尔（Maurce Godelier）的启发，同时参考哈里斯（Grace Gredys Harris）和魏捷兹的文章。

书中的社会人概念为：一种中国村落社会中的人群结合方式，这种方式通过个体与个体、个体与群体通过日常生活中的互动与交换而变得相互拥有，这种相互拥有是一种你中有我、我中有你的写照。村落内部个体与个体、个体与群体之间的连接既是外在制约的，也是内化而成的；群体与个体是互动的，群体对个体产生作用，个体对群体也产生影响；个体身上有群体的镜像，也有自己在别人身上的投射。这种镜像和投射不是变动不居的，而是随着社会的不断发展变迁而变迁的。

社会人概念与社会化概念和濡化概念既有区别又有联系。区别在于社会人概念是一种双向过程，既有外在制约，也有内化；既有主动也有被动；既是个体与个体之间的相互作用，也是群体的规范形成；既是群体在个体身上的投射，也是个体对群体的影响。同时社会人概念也意味着它是一种关系丛，一种社区内部成员之间的分享与债务关系丛。而社会化和濡化概念则是单向的，它只强调群体和村落对于个体的制约和作用，而忽视个体对于群体的影响和反动。并且社会化强调了个体的把已有的社会规范内化和角色学习的过程，它并没有社会人概念所包含的社区成员内部的分享与债务关系丛的意涵。

第二节　方法论和具体研究方法

从方法论层面来讲，中国作为一个由广阔地域构成的复杂文明，对于它的研究不能以偏概全，而只能采用逐渐接近的研究方法进行研究，即首先选取某些区域社会中的典型村落进行研究，然后把各个区域社会中的典型村落加以类型比较，最后得出一个有关中国的大致图式。

"中国的社区研究经历了三个阶段：20世纪40年代，社区被当作一种方法论的单位加以研究，其意义在于提供一种窥视社会的'分立群域'，从而透过社区了解中国整体社会结构；50至60年代，社区研究受到能否代表中国社会现实问题的质疑；60年代后，社会人类学者回归到社区中开展田野工作，并且更加重视社区内部权力结构与功能分析，及其所凸现的国家与社会关系，历史与现实关系。社区研究仍然可以体现生动而富有广泛说明意义的研究方法和表述方式。"[1] 这种研究方法在社会学历史上争论很多，著名的当属费孝通先生和利奇的争论。争论在于"在中国这样广大的国家，个别社区的微型研究能否概括中国国情？"费先生的答案是"首先承认'局部不能概括全部'，即方法上不能'以偏概全'，而是采用'逐渐接近'的手段来达到从局部到全面的了解"[2]。

---

[1]　王铭铭：《小地方与大社会：中国社会人类学的社区方法论》，载《村落视野中的文化和权力》附录二，生活·读书·新知三联书店1997年版，第367—373页。

[2]　费孝通：《江村经济》附录，商务印书馆2003年版，第319页。

　　面对同样的方法论问题，北京大学社会人类学教授王铭铭采用社区本位的回答，他认为："传统上，社会人类学的小型社区研究，本来不是为了提出具有'代表性意义'的案例，而是为了通过个案的验证对社会科学和社会流行概念加以评论和反思。""通过社区调查，人类学者可以了解传统如何成为社会认同、不同分立的社会力量如何并存与互动、大传统如何与小传统糅合。"[1]

　　尽管局部不能代替整体，解剖一个麻雀不能说明所有麻雀的特征。然而，针对麻雀的构成分析，这种方法却是有效的，那么针对于小型村落社区研究的逻辑也类似。小型村落社区不能完整地表述整个中国的现实，但是小社区又是大社会的一个不可分割的部分，通过社区可以窥视大社会，体现大社会的具体特征与现实动因。然而这种窥视需要通过类型比较才能最终获得。

　　社区研究方法本质上体现为一种归纳逻辑的研究方法，它主张通过对经验资料进行认识的基础上，对典型的个案进行细致分析，进而透过个案得出事物的一般性质的研究模式。按照此种逻辑，本书试图通过对 LT 区 S 村丧葬过程中的礼物与劳务如何使人们结群考察的基础上，展示"社会人"的实践过程，通过个案描绘出一种区域乡村社会的结群类型。

　　本书的具体研究方法包括田野参与观察法、访谈法、文献法。本书的研究是建立在对 S[2] 村的田野个案研究的基础之上，调查集中在 2005 年 7—9 月进行，期间亲自参与了一些葬礼仪式（2006 年春节又做了一些补充访谈和文献补充）。资料的获得主要来源于以下三种方式：

　　（1）深度个案访谈及拓展个案法。这两种方法是著者材料的最主要来源。

---

　　[1]　王铭铭：《社会人类学与中国研究》，生活·读书·新知三联书店 1997 年版，第 37—39 页。

　　[2]　遵照学术规范，文中的人名与地名均做了相应处理。

通过对一些在 S 村有代表性的丧葬过程和人物进行访谈，以期找出 S 村的连接逻辑。在访谈过程中，我也体会到他们为何有这种行动而不是那种。

（2）文献收集：一些地方志资料，人们的系谱等。文献作为过去的今天，既具有很强的历史性，同时因为它不受时空的限制，具有相当强的灵活性。而陕西关中地区的特点又在于历史记载文献丰富，因此，文献研究在著者的相关材料中占据相当重要的位置。

（3）参与观察：亲自参与 S 村内部的一些丧葬过程，获得一手资料。著者出生在这个社区，对于这个社区的内部关系网络非常熟悉，能够深入到研究对象的日常生活中去仔细观察并且能够亲身参与他们的生活实践，并且能够获得真实的内部信息而不需要隐瞒身份，也不会对观察对象造成很大的困扰和负面影响。因此，参与观察法成为著者的主要方法。

（4）多点民族志与类型比较法：著者秉持一种多点民族志与类型比较的视野和方法。多点民族志即首先对同一件事情在不同时空进行民族志考察，然后再进行相互的比较，从而得出一个普世的结论。对于中国的村落社会研究来说，多点民族志和类型比较法是最切合的视角和方法之一。

在具体田野调查过程中，对于著者而言的最大困扰在于参与观察时如何能够进得去又出得来，即如何保持价值中立。因为观察者既是受到影响的观察者，也是起着影响作用的观察者，这个观察者受到各种因素的干扰。著者出生在这个村落社区，对于这个村落社会具有不可避免的深厚感情，而在研究之时，著者肯定会带着这种感情去做研究。一方面这种感情会影响到著者观察的视角，另一方面，做结论时又会影响到结论的客观程度。所以在法国社会学家艾德加·莫兰看来，"现代科学性原则的第一点，我们可以归结说，一切观察都应将观察者包括在内，一切设想都应将设想者包括在内"[1]。"既然我们是社会的一部分，那就不仅要努力从精神上与这个社会保持距离，还要尽可能利用这种主观上的联系，因为说到底，这种主观上的联系是不可能消除的。我们应当在研究中利用我们的参与、我们的好奇、我们的利益甚至还可以说是我们的爱……价值和目的不能排除在这一研究之外，价值和目的应该变成有意识的价值和目的。"[2]

尽管具有上述的种种不利因素的制约，然而因为著者接受了人类学的学科方法的训练，在田野过程中时刻提醒自己要跳出村庄研究村庄，跳出自己狭隘的眼界去研究，同时著者也提醒自己不要忘记自己的人文关怀。在观察研究对象的同时，相应地告知他们著者正在进行的研究项目和课题，取得他们的谅解和支持。另外有一点比较特殊的是，著者从上高中开始就离家比较远，当时是在住校，大学、研究生、博士期间更是远离父母、远离家乡。尽管著者在心理上归属于这个社区，然而这个社区许多人已经视著者为社区之外的人，因为著者已经通过高考迁移出这个社区了。这在一定程度上也能够帮助著者实现陌生化的研究要求，这种陌生同样体现在对于丧葬仪式的观察过程中。这使得著者既作为社区的一分子参与了仪式活动，同时也能作为一个旁观者，用陌生的眼光观察自己熟悉的村落。

---

[1] [法]艾德加·莫兰：《社会学思考》，阎素伟译，上海人民出版社2001年版，第10页。

[2] [法]艾德加·莫兰：《社会学思考》，阎素伟译，上海人民出版社2001年版，第20—21页。

第三章
走进田野地点 S 村

第一节 S 村的环境与生计

从上海登上西去陕西的列车，经过一天一夜大约 14 个小时的颠簸，在秋日一个艳阳高照的下午著者到了西安。一出西安火车站，首先映入眼帘的是宏伟的明城墙。接着就是车站旁边一家旅馆里播放的秦腔。徜徉在城墙角下，会油然生起一种厚重感，这种厚重感之中又夹杂着一种慨叹：这里真是一个人杰地灵、文化厚重的风水宝地。

西安所处之地为陕西的关中地区。关中地区是渭河的冲积平原，海拔约 500 米。关中平原东起潼关，西至宝鸡，南到秦岭，北到黄龙山，中有渭南、西安、咸阳等大城市，俗称"八百里秦川"，是典型的黄土高原。关中之名，来源于战国时期，普遍认为关中西面有散关（大散关），东面有函谷关，南面有武关，北面有萧关，取意四关之中（后增东方的潼关和北方的金锁两座）。四方的关隘，再加上陕北高原和秦岭两道天然屏障，使关中成为自古以来的兵家必争之地。

关中地区是渭河的冲积平原，而渭河则是关中地区的主要河流，古称渭水。全长 787 千米，它发源于今天甘肃省渭源县的鸟鼠山，然后流向东方，在晋豫陕三体会交界之处的风陵渡注入黄河，它是中国北方黄河最大的一条支流。千百年来，渭河滋养了关中人民，成为关中平原的血脉。渭河流域很早就有人类活动的足迹。从旧石器时代到新石器时代，从新石器时代到原始的奴隶社会，再到几千年的帝国时期，关中平原一直是中国政治和经济的中心。关中地区人最常说的一句话是：南方的才子北方的将，陕西的黄土埋皇上。

关中土地肥沃，河流纵横，气候温和，《史记》中称其为"金城千里"、"天府之国"和"四塞之国"。它处于东亚季风和南亚季风都能影响到的范围之内，属于典型的暖温带半湿润的季风气候区，雨量适中，四季分明，气候温和。一般以 1 月、4 月、7 月、10 月作为冬、春、夏、秋四季的代表月。冬季比较寒冷干燥，春季温暖，夏季炎热多雨，秋季温和湿润。年最高气温在 40℃左右，年最低温度在 −8℃左右，无霜期平均为 219～233 天。1 月份最冷，平均气温 −0.5℃～1.3℃，平均最低温度 −3.8℃；7 月份最热，平均气温 26.3℃～27℃，平均最高气温 32.2℃，年平均气温 13.6℃。年日照 1 377 小时，年平均无霜期 207 天，湿度 69.6%，降水年均约 600mm。降水主要集中在 7 月、8 月、9 月。季风的盛行和雨热同期，为关中地区带来大量降水，这时候正是关中各种作物生长期，水热同步，适宜于农作物的生长。关中地区全年多东北风，年平均风速为 1.3～2.6m/s。关中地区的土壤主要以娄土分布为主。娄土是褐土，是经人为长期耕种熟化、施肥覆盖所形成的优良农业土壤。其剖面构型大体可分上下两部分：上部分为娄化土层，由耕作层、犁底层和老熟化层所组成，质地中壤，颜色灰棕色，呈粒状结构或团粒结构；下部分为自然褐土剖面，由古耕作层、黏化层、钙积层和母质组成。黏化层一般呈枝柱状结构，棕褐色，质地黏重。土壤有机质含量一般在 1% 左右。保水保肥，耕性较好，土层深厚，适种性广。

2007 年年末，关中地区的人口总量为接近 2 000 万人，面积约 5.5 万平方千米，是陕西工农业发达和人口密集地区，号称"八百里秦川"，关中地区范围包括西安、铜川、渭南、宝鸡、咸阳、商洛 6 个城市，这里集聚了陕西省约 60% 的人口。以西安为中心的关中地区，在全国区域经济格局中具有重要战略意义，被国家确定为全国 16 个重点建设地区之一。

历史上的关中曾经水草丰美，是中华民族和东方文明的发祥地之一。早在 110 万年前的远古时期，人类的祖先就在这块美丽富饶的土地上繁衍生息。关中地区的西安有 3 100 多年的建城史和 1 100 多年的国都史，先后有 13 个王朝在此建都，是与罗马齐名的古都。从西汉的长安城起，西安就成为中国与世界各国进行经济、文化交流和友好往来的重要城市。举世闻名、横贯东西的国际大通道"丝绸之路"，就是以长安为起点，西至罗马古城的。古长安是丝绸之路的起点。秦朝建立中央政权之后，一直到到宋之前，关中地区都是整个华夏的经济政治文化中心，这个地区开发最早，也最早被帝国纳入自己的统治体系中间去。关中地区也是最早进行治水的地区，而治水与封建中央集权形成的关系则是魏特夫《东方专制主义》一书的核心话题。

随着明清以来中国人口的增多，关中地区的地形特点和土壤构成特点，季风区降雨量的集中，植被的不断被砍伐，人类对土壤的不合理利用，近代人们对植被的破坏，这些因素共同导致关中地区黄土裸露、水土流失严重。远望黄土高原，沟壑丛生，几乎很难看到绿色。因为植被缺乏，导致地表水和地下水位较低，水资源缺乏。在黄土高原上的人们吃水分两种：一种是窖水，即收集雨水，注入窖中收藏；另外平原上的人们吃水则是挖深井，用辘辘从井底打水。

关中地区的民族和宗教信仰多样。因为长期作为京城的原因，又有丝绸之路的开辟，全世界的商人和全国的少数民族在关中地区都能看到。今天陕西最出名的少数民族当属回族。独特的民族杂居也导致关中地区的包容心态。

而关中地区的宗教也是涵括多样，制度性宗教道教、佛教、伊斯兰教、天主教、基督教同时并存，而且终南山、楼观台还是道教圣地。法门寺作为珍藏佛指舍利的寺庙，在世界享有盛誉。天主教则在明末清初就已经在陕西开始传教。关中地区的咸阳三原县至今还有一个镇名为通远坊，相传即为明末清初外国传教士以此为基地，在关中地区开展传教活动。而非制度性的民间信仰也很兴盛，进入农户家中，迎面一面照壁，照壁中央则有一神龛，是为土地神，厨房中则能看到灶王爷的像。而且关中地区村村有庙，尽管建国后因为意识形态的原因，作为封建迷信的庙宇被拆掉许多，然而有形的庙宇被拆掉，但无形的信仰和崇拜并没有拆掉，人们的祭祀活动由明转暗，一旦条件成熟，这些祭祀活动又会重新兴盛起来。

关中地区的生计则是冬小麦和秋玉米，夹杂种一些蔬菜。关中地区民众的生计主要依靠种植业，这些种植业包括下面几大类：

（1）谷类：小麦、玉米、高粱、小米、水稻、大豆、荞麦等。

（2）蔬菜类：葱、韭菜、野蒜、大蒜、芥末、茄子、萝卜、蔓菁、芹菜、莲菜等。

（3）水果类：柿子、桃子、李子、杏、枣、石榴、核桃、栗子等。

（4）木材：椿树、柳树、桑树、松树、槐树、柏树、榆树、楸树、皂角树、楮树等。

关中地区曾经流传过一首民谣，民谣如此述说关中地区民众一年的生活：

正月大吃大喝

二月奈何奈何

三月菜菜盒盒

四月麦索豆角

五月加旱带涝

六月热死热活

七月瓜桃李枣

八月柿子核桃

九月米饭餐饱

十月穿个棉袄

十一月套个皮袄

十二月弄些年华

　　关中地区的民众很愿意住在窑洞中。由于黄土的垂直节理发育，因此，人们经常直接从一个断壁面挖一个很深的半圆形洞穴进去，里面形成一个宽敞的空间，冬暖夏凉。围绕着这面黄土的断壁，周围就是自己的田地，可以农耕。窑洞里面人们睡觉用炕。炕一般是盘在室内窗户之下，这样采光方便。关中地区人们的炕是使用胡基（干打垒的土坯）、带草的泥两种原料。炕也要留洞，因为天冷时要烧。因此，胡基的摆放位置、火道与烟道的留置就体现出主人家的心思和设计能力了。一般的炕是两面靠内墙或山墙，两面空，方便人上来下去。关中地区的民众习惯于天冷招呼客人就是上炕。

　　关中的种植作物既然以小麦为主，那么民众的日常饮食当然就会是面食。冬小麦是秋季播种，长出麦苗之后就要过冬。第二年春天解冻，麦苗拔节开始成长，民众开始锄草、压土。入夏之后，经过太阳的暴晒，麦子由绿变黄，进入收获季节。唐代诗人白居易曾经这样描写关中的小麦成熟时期："田家少闲月，五月人倍忙。夜来南风起，小麦覆垄黄。"收获之后的小麦，磨成面粉，用于食用。直到今天，民众之间相互送礼也用面粉做成"礼馍"。这些礼馍是人们用面食做成的各种生动活泼的人物和其他动物形态,既可以用作摆设,也可用于食用。亲戚之间走动最常用的就是礼馍。对于关中地区的这种生计方式和生态条件,关中民间盛行这种说法:八百里秦川尘土飞扬,三千万秦人齐吼秦腔,端一碗髯面喜气洋洋,没撮辣子嘟嘟囔囔。

我调查的 LT 区位于关中平原中部,是古都西安的东大门,它南依骊山,北俯渭水,地名缘于县城东有 L 河和西有 T 河分别从县城两侧穿过而得名。《LT县志》载:"祥符改名,以 L、T 二水环县左右故名 LT。"LT 具体东临渭南,西接高陵,南连蓝田,北达富平,西南与灞桥相临,西北接三原,其地理坐标为东经 109° 5′ 49″ ~ 109° 27′ 50″,因其位于东亚暖温带半湿润气候向内陆干旱气候过渡带上,兼有两种气候的特点,属于大陆性暖温带季风气候,四季冷暖干湿分明,春季暖和多风干燥,回暖升温快;夏季炎热,日照长,多雨兼伏旱;秋季温暖,降温快,多雨;冬季寒冷,气温低而雨雪少。区内年平均气温 13.4℃,年端最高气温 41.9℃,年极端最低气温 − 17.0℃,年平均降水量 591.1mm,一日最大降水量 89.8mm,年平均日照时数 2 110.2 小时,平均无霜期日 217 天,最大冻土深度 28cm,平均雷暴日 16.9 天,平均风速 2.5m/s,最多风向东北风,最大风速 18.7m/s。

表 3-1　LT 月份平均气温表

月　份	每月平均气温（℃）
1 月	− 1.0
2 月	2.1
3 月	8.1
4 月	14.1
5 月	19.1
6 月	25.2
7 月	26.6

续表 3-1

月　份	每月平均气温（℃）
8 月	25.5
9 月	19.4
10 月	13.7
11 月	6.6
12 月	－ 0.7

目前，LT 行政上辖 20 个街道办事处、3 个乡、28 个社区、285 个行政村。境内交通设施日益完善，"108"国道、西潼高速公路从境内穿过，到西安咸阳国际机场仅需 40 分钟。陇海、西延、西韩、西康、西南、郑西高速等铁路在此交汇形成西北地区最大的铁路编组站。

历史上的 LT 区相传是女娲氏继兴于此。商时此地为丽国，周时为骊戎国。战国时，秦在渭河北就建都栎阳，秦孝公时，置栎阳为县，因渭河以北地区土地平坦、面积广，盛产粮食，自秦汉到隋唐，始终保持了县的建制。除古栎阳外，还有万年（今栎阳镇）、鄣县（今交口镇）、平陵、粟邑（今康桥粟邑）等县。渭河以南在周代为骊戎国，并有戏邑、芷阳之设。前 231 年（秦始皇嬴政时）设郦邑；前 197 年（汉高祖时），改郦邑为新丰（县城地址在今新丰）；686 年（武则天垂拱二年）改为庆山县，691 年（武则天天授二年）置鸿州并鸿门县于零口；705 年（唐中宗神龙三年）废庆山县复为新丰县；744 年（天宝三年）设会昌县（今城区所在地）；748 年（天宝七年）把新丰并入会昌，改名为昭应县；1015 年（北宋大中祥符八年），以 L 河（石瓮寺沟水）绕城东而过，T 河（温泉水）绕城西而走，随取名 LT；1267 年（元世祖至元四年）降 YY 县为镇，归属 LT 县。至此，LT 渭河南北始为一县，其辖区约相当于今日的规模。明清之时，LT 归西安府治辖。[1]

---

[1] 参见《临潼县志》。

LT 的历史渊源长久，境内历史遗迹、人文景观荟萃，包括千余处古墓葬、古遗址，数万件出土文物以及优美的传说、典故，构成了一部浓缩的中国社会发展史。许多重大历史事件在这里发生。女娲"炼石补天"、"抟土造人"及骊山会为"三皇故居"的传说，翰海古籍无不涉及；周幽王"烽火戏诸侯"，招致了杀身亡国的悲剧；秦孝公推行"商鞅变法"，谱写了一曲革新图强的辉煌乐章；艳羡骊山风水的秦始皇帝，不惜动用人力 70 余万，耗时 37 年，为自己在此修造陵墓；脍炙人口、流传千古的典故"鸿门宴"出自这里的鸿门坂；风光旖旎的华清池，既是唐玄宗与杨贵妃缠绵的爱情故事的诞生地，又是震惊中外的"西安事变"的爆发地。

LT 这一号称"华夏源脉，千年帝都，丝路起点，秦俑故乡"的土地不仅是全世界人民的旅游胜地，更是中华民族的发源地和"六大祖庭"之所在。相传位于骊山之巅的人祖庙所供奉的女娲和伏羲氏为中华民族的"人祖"和"饪祖"（烹饪文化始祖）；长眠在这里的古代名医扁鹊被后世尊为中医"脉学之祖"、"针灸学之祖"；祖籍丽邑的秦国大将军蒙恬相传又是华夏儿女的"笔祖"和"筝祖"。

LT 区今天的地域，东西宽 33 公里，南北长 51 公里，总面积 915 平方公里，人口 66.86 万，耕地面积 78 万亩，地势南高北低，山塬川依次分布，分别占 15%、18%、67%。区内人们以农耕为主，农业技术较发达。此外，他们还有畜牧业，养牛和羊是主要副业，主要用来提供卖给乳品厂的鲜奶。粮食作物以小麦、玉米为主，经济作物以石榴、棉花、油菜、芝麻为主。一年两季收获，冬小麦和秋玉米。由于当地生产主要是农业和牧业，所以人口比较密集，初步估计，每平方公里可耕土地上有 1 100 人。

对于 LT 民众与主要经济作物石榴的关系，有一则历史传说如此描述：女娲氏炼石补天时，将一块红色的宝石失落在骊山脚下。有一年，安石国（安国指今日的布合拉，石国指塔什干）王子打猎，在山林里看到一只快要冻死的金翅鸟，急忙把它抱回宫中，又是喂食，又是治病。金翅鸟得救后，为了报答王子的救命之恩，不远万里，将骊山脚下的那块红宝石衔到安石国的御花园，不久就长出一棵花红叶茂的奇树，安石国王便给它赐名"安石榴"。前119年张骞出使西域，来到了安石国。其时，安石国正值大旱，赤地千里，庄稼枯黄，连御花园中的石榴树也奄奄一息。于是，张骞便把汉朝兴修水利的经验告诉他们，救活了一批庄稼，也救活了这棵石榴树。那一年石榴花开得特别红，果儿结得特别大。张骞回国的时候，安石国王送给他许多金银珠宝，他都没要，只收下了一些石榴种子，作为纪念品带了回来。从此，由骊山"红宝石"变成的石榴，便开始在长安上林苑和骊山脚下定居繁衍，成为今日的LT石榴。

LT人口大部分为汉族，少数民族比例较少，有回、壮、藏、满、朝鲜、土家族等18个少数民族约2 200人，大多聚居于LT城区。LT制度性宗教齐全，宗教活动频繁。区有合法的宗教活动场所47个，其中天主教16个，基督教26个，道教3个，佛教1个，伊斯兰教1个，分布于全区23个乡街；全区信教群众达3万余人，其中道教信徒1万余人，佛教2 000余人，天主教8 600余人，基督教8 000余人，伊斯兰教1 000余人。

LT的农村民众收获和播种庄稼时，区内的家户习惯三五户组成合作单位，共同应对农忙，形成所谓的换工。这种换工的形式在民间广泛存在，在大型的水利工程或是涉及全村的利益时，人们也很容易被组织起来。当地民众往往在收获和播种庄稼之前以及结束之后，会用习俗活动表达对于丰收的渴望和喜悦，这种渴望和喜悦通常是以庙会或者其他的休闲活动形式表现出来。

在LT，当地民众农忙之后，通常会有两大民俗活动。一是"看忙罢"。当小麦刚刚吐穗发黄的时候，刚出嫁的女儿要回娘家去看望父母，关心自家今年小麦的收成，这种习俗叫"看麦熟"。"麦稍黄，女儿看娘"就是说的这个习俗。女儿回娘家要带四样礼，诸如鸡蛋、蒸馍、挂面、点心等，虽然品种各异但一定是四样礼品。从娘家回来时丈母娘要送给女婿一顶草帽和一把镰刀，预祝他们有个好收成，这也有疼爱女婿的意思。夏收开镰了，这本是"大忙天"，母亲却要把女儿接回娘家住几天，这叫"躲茬口"，原因在于LT 当地大都将结婚安排在春节期间，到了农忙季节正是怀孕时期，母亲怕大忙季节女儿累着，便把女儿接回家住几天，躲开最紧张的几天。等夏收进行得差不多的时候，父母又要去看望女儿，意思是催促赶快结束夏收颗粒归仓，好再接女儿回娘家休息。这次的行动在当地叫"卸簸笿"。"簸笿"就是架在石碌碡上的木架，当使用碌碡碾场时才把簸笿装上，碾场结束又要用斧头把簸笿卸下来保存。"卸簸笿"的意思就是夏收结束。这次看望女儿时母亲特意用面粉做一个架着簸笿的碌碡，另外还有一把斧头，当然意思就是赶紧"卸簸笿"夏收结束。待夏收全部结束了，女儿还要回娘家住一段时间，在这里把它叫"走忙罢"，女儿要带上用新麦面烙的石子馍送给父母，和父母团聚共享丰收的欢乐。

二是"单子会"，即骊山老母古会。骊山老母被道家尊为至圣仙人、无极天尊。民间传说炼石补天和抟黄土以为人的女娲氏，相传就是骊山老母。女娲氏继兴于丽（骊），这是有文字记载的；而骊山老母的仙居地也在骊山，故而道家说老母即娲圣。每年农历六月十五是女娲诞辰日，当地民众在此前后几天，自带被单，纷纷上山为老母祝寿，认为老母过几天来临殿内，以应大家所求，俗称"单子会"。当地人将其称为"单子会"原因是：许多妇女为了表示心诚，求子、求福、许愿、还愿者，必须在农历六月十二日下午上山，在山上过夜。上山时，只允许带一条粗布单子以备过夜，带粗布床单的原因也有一个美丽传说：古代有个女子婚后多年无子，于是在某天下午独自登上骊山，来到老母殿求子。天黑无法下山，只得在山上铺上床单过夜，最后得偿所愿。久而久之，每年到了农历六月十一、十二、十三这三天，大批当地人都会上山求子过夜，当地人叫"单子会"。

而在上述的所有节庆活动和个人生命史中，唯一少不了的是秦腔。漫步关中地区，到处流曳着秦腔的旋律。相去二三里，村村高音喇叭播放的是秦腔；地畔路旁，秦人畅快淋漓吼的是秦腔；夜幕四合，"自乐班"闹的是秦腔；城镇剧院，高台演出的是秦腔。秦人饭食少盐寡醋没辣子可以凑合，生活中没有秦腔却没法过。生子呱呱坠地，满月时以秦腔迎接；成人过寿，都要请"自乐班"助兴；老者去世，更要唱大戏热热闹闹送行。乔迁新居，子女升学，也要唱折子祝贺。秦人将秦腔艺术特征形象而不失幽默地高度概括为"吼破嗓子挣破脸"。秦腔的本色就是它的直白高腔，那和着黄土高原的风沙声，传递着民众对于人生意义的不懈追求，同时也传递着关中这片土地上的生老病死、爱恨情仇。而在秦腔的背后，我们解读到的则是一个区域社会、一个民族那种生生不息的壮志豪情。

第二节　村落起源和历史沿革

S自然村位于LT区的西南部，与西安市灞桥区接壤，行政上隶属于XK街道办Y村村民委员会，分为四个村民小组。四个小组共计314户，1 256人，1 444亩耕地。99%的人口都是D姓。

S村是一个较晚才形成的移民村落社会。在近几百年间，才有有关S村的明确记载。据县志记载，S 村形成于明末。D 姓祖籍安徽省，祖先在明朝朝廷中做官，不知因为何事得罪了皇帝，被判流放至此。祖先到了 S 村这个地方之后，因为累得走不动了，而且这个地方地理位置当时又不错，央求官员让自己在此定居。官员同意之后就在 S 村这个地方住了下来。当时的渭河离 S 村并不是很远，村落中有城墙，土地肥沃，生计方便，所以在这个地方挖窑洞居住，繁衍生息。

这块地方被 D 姓祖先买下，祖先先后生了四个儿子，成家立业之后，每人分得一块地方，形成了坡上、坡下四块集中居住的区域。四个儿子根据哥东弟西、哥南弟北的居处原则各自形成了自己的小世系群。这个祖先就成为村落的开基祖，四个儿子就成为四个世系群的始祖。尽管如此，S 村仍然同祭一个开基祖先，全村依然共用一个公共墓地，也依然共同排辈论号。在著者做调查时，著者曾问过村中老人，他们告诉著者建国之后他们还按照家谱上的字号排名，当时村中所有人一叫名字就知道你是哪一辈人，见了谁应该如何称呼，人伦不乱。而随着意识形态的日趋紧张，这些家谱被来到村里的工作队收走，然后烧掉，村人从此失去了自己有关祖先及排辈的依据。

今天村落当中四个村民小组六组相传是老大的后代，七组相传是老二的后代，八组相传是老三的后代，九组相传是老四的后代。村人内部发生争端时还经常背后议论他们各自的始祖，认为六组的人比较忠厚老实，因为家庭的老大一般都是随着父亲创业的，经历过艰难，因此，人会比较老实。老二、老三的后人也都不太会和村人发生争斗，只有老四的后人经常和村人发生争端，这时人们就会说他们的始祖有问题。按照常理来说，也确实如此。农家的老小一般从小没经历过太多磨难，因此，性格就会比较邪，做事比较不靠谱。

同祭一个祖先，共用一个墓地，共同排辈论号，这些使 S 村人在丧葬仪式中互相帮扶。这种互相帮扶的仪式，意义非同寻常，它是村落人群构建群体意识和自我认同的方式。

今天的 S 村被两条国道夹在中间，东面是西临线，西面是西铜线，塬上 5 里的地方有陇海线经过。S 村离西铜线最近，一出村走大约 20 分钟，就可以到西铜线，坐班到省城的任意班车，40 分钟之内到达省城。坐上同样的这种班车，花费 1 元钱就能到灞桥或耿镇。S 村离西临线比较远，然而因为行政上属于 XK 管辖，所以人们也和它发生很紧密的联系，无论是计划生育、税收，还是邮局等，都必须赶到 XK 去。S 村周围有三个比较大的集市圈，BQ 区的 BQ 镇、GL 县的 GG 镇、LT 区的 XK 镇。三个集市日子各不相同，BQ 镇每周日一次，GG 镇每逢公历初一、初四、初七一次，XK 镇每逢公历初三、初六、初九一次。三个集市中，GG 镇离 S 村最远，大约有 15 里，要去这里赶集，必须坐车去。XK 镇次之，离 S 村 10 里，要去 XK 镇赶集，也得坐车去。BQ 最近，离 S 村只有 4 里地，村人走路都去了，因此，BQ 的集市是村民最爱去的地方。

S 村行政上所属的 XK 街道地处西安市 LT 区西大门，南依骊山，西临 BQ 区。全街办总面积 68.1 平方公里，辖 1 个社区，20 个村，167 个村民小组，总人口 7.8 万，其中有农业人口 4.2 万、社区居民 4 582 人及 2 000 多名流动人口。驻地院校学生 3 万余人，街道党工委下辖 31 个党（总）支部，其中 20 个农村党支部、10 个单位党支部、1 个党总支部为斜口教育党总支部（下辖 5 个党支部），共有党员 1 319 名，其中农村党员 1 060 名。XK 街道交通便利，有城市快车道、西临高速、草临大道、临灞路，有陇海铁路、郑西客运专线、西康铁路横贯东西；斜口环境宜人，四季分明，属暖温温气候，年平均气温 13.6℃，境内有川有塬，有山有水，土地肥沃，是 LT 特产石榴的主产地之一。2011 年，XK 农民人均纯收入为 7 913 元。

明朝设置润渭乡管辖贾村里和 S 村。清代仍然延续明代的里甲制管辖乡村。

民国初期，行政区划沿袭乡里制度。1934 年国民政府推行新保甲制后，将原有的乡直接改为联保，S 村属于 XK 联保下的七保管辖。1940 年，国民政府实行新县制，将联保改为镇保制，镇下设保，保下设甲。这时 S 村属于 XK 镇七保管辖。

1949 年中华人民共和国成立后，行政区划大致不变，1949—1951 年，陕西省省政府将国民政府时期的镇、保、甲改为区、乡、村。S 村这时属于 XK 区 XK 乡管辖。1951—1955 年，区设区公所，区下设乡，成立乡政府。乡管自然村，村有村长。1956—1957 年，设置直辖乡，S 村由直辖乡 XK 乡管理。1958—1961 年，成立华清公社，S 村由公社下属 XK 管区管理。1962—1966 年，公社改为区后 S 村由华清区 XK 公社管辖。1966 年到今天，行政行政区划没有太大改变。1984 年，把公社改为乡镇，生产大队改为行政村，生产队改为村民小组。1997 年，XK 改称街道办事处。S 村属于 XK 镇下属一个村村委会管辖，这个行政村管辖的范围基本上是国民政府时期七保管辖范围。[1] 见表 3-2。

表 3-2　S 村行政隶属关系变动表

明清时期	国民政府时期	建国后
润渭乡贾村里	初期：润渭乡贾村里	1949—1951 年：XK 区 XK 乡
	1934 年：XK 联保七保	1951—1955 年：XK 区公所 XK 乡
	1940 年：XK 镇七保	1956—1957 年：直辖乡 XK 乡
		1958—1961 年：华清公社 XK 管区
		1962—1966 年：华清区 XK 公社
		1984 年：XK 镇一个村委会
		1997 年：XK 街道一个村委会

从明清到民国，国家采取间接控制基层村落的方式，保长和甲长是国家代理人，也是人们最经常打交道的官员，然而他们在村中没有多少地位。S 村

---

[1]　参见《临潼县志》。

的治理是依靠礼治原则下的长老权力和伦理制度，村落内部的长老具有多重身份：地方权威，仪式专家，知书达理的人。族长遇事都和长老士绅商量。这是一种中央集权下的自治体制长老和士绅在符合"礼"的原则下，对村落进行自治。

解放后，针对原有的模式进行了全面的变革。在政治方面，国家通过在村一级建党支部的方式，吸收村落内部的积极分子入党，把政治的触角渗透到村里，打破了村落原有的依靠伦理和长老自治的管理模式。这些人的角色被国家成立的各种机构和这些机构的办事人员替代，在生产大队层面包括生产大队大队长、村党支部书记、共青团负责人、民兵连长、会计、出纳等。在生产小队层面包括各生产小队小队长、各生产小队妇女队长、民兵队长、会计、出纳等，由此形成了学界所谓的总体型社会中的"委托—代理"关系。

在经济方面，国家在初级社时期，要求S村四个生产队内部的贫农组织互助组。当时一个生产队内部按照政治上的定性成分，分为两到三个互助组。接着国家开始组织初级社，把性质相近的互助组合并成为一个初级社。接着又成立了高级社，整个XK成为一个高级社。在人民公社时期，村落民众种什么不种什么，何时种何时收，基本由管理人员说了算。在人民公社期间，因为军事原因，S村被迫把许多土地无偿划拨成为军事用途，今天这些飞机已经成为S村民众每天必须面对的干扰，因为它的噪音特别大。因为机场占据了S村的大部分土地，导致今天S村人均土地占有量只有一亩三分左右。当时的土地被分为自留地、责任田，自留地不用向国家缴纳税负，责任田是要缴纳税负的。直到2006年进行税费改革，把所有土地称为承包地后，这些类目才停止。而且S村原有的许多庙宇在建国初就被强行拆除，村落原有的教堂也被拆除，民众的祭拜活动被强令停止。透过这些变迁，我们可以看到建国后，国家权力对于自然村落的民众生活的干预。

建国后，取缔了长老士绅，压制了人们的信仰，但是人们的日常生活仍要继续，村落中丧葬和其他仪式仍然需要仪式专家。原有结构中，长老一身兼多职，可以解决很多问题。取缔后长老的缺失，导致出现了仪式专家由官员出任的情况，官员的身份单一，不一定有威望，不一定能解决问题。今天仪式专家又重新出现，但已经不再具有长老的角色，不能再解决很多实际问题，只是单纯的仪式方面的事务。

地处黄土台塬地带的 S 村，围绕村落及其田地可分为上、中、下三层，最上层是村落旱田、公共墓地及村庙所在地，旱地一般种植棉花、黄豆、红苕等，间或撂荒。最下层条件比最上层台塬旱地要好，是可灌溉耕地。因为可以灌溉，下层台塬地成为 S 村民众主要生计来源，主要种植冬小麦、秋玉米、经济作物，一年两熟。中间台塬是民众的居住区，离塬上和塬下田地都不远，方便干活。上层与下层台塬的种植业作为当地主要的生计方式，影响到村落社会结构与组织。S 村的种植业以家庭为单位进行，家庭组织是当地主要的行动单位和组织方式。家庭主要依靠血缘与姻缘组成，因此，S 村社会结构与组织的基本原则就是血缘与地缘，民众就生活在由血缘与地缘织成的关系网络当中。

随着市场化在中国的不断推进，近年来 S 村也大受影响。原有的以种植业为主的自给性生产与消费方式逐渐被以商品与货币交换的市场性生产与消费方式替代，人们对于货币的需求越来越强烈。经济作物的种植与农闲打工逐渐成为村落民众的主要生计方式。为了更快地获取货币、人员流动和货物流通，人们纷纷搬到塬下乡村公路两旁居住。S 村民众换取货币的物品既包括自然经济作物，也包括人工经济制品，最主要的是砖瓦。

砖瓦成为 S 村民众主要经济来源缘于环境因素。S 村塬上属于旱地，种植业收成少而经常撂荒，但是塬上黄土烧制的砖瓦质量却很过硬，烧砖瓦本是这个村落传统的手艺，传说汉唐都城的制砖也由此地供应。建国后一段时间不能开办企业，村民只有放弃这一传统行当。改革开放之后的 1984 年，DDY率先在塬上以村办集体企业名义创办了一家砖瓦厂，优先招本村人进厂做工。在他的带动下，S 村越来越多的人开始在塬上办砖瓦厂。1997—2005 年，塬上共开办 19 个砖瓦厂，企业主既有本村人，也有外地人。企业性质既有集体承包、股份合作，也有私营企业。砖厂共占用 S 村塬上旱地 1 000 亩，每年砖厂因管理原因需要向村里交管理费，并且需要向土地承包农户支付土地使用租金。另外，村里如果举办集体活动，企业还需要主动捐助。

第三节　村落组织架构

一、S 村的系谱

田野中收集系谱是一项重要的工作，因为作为一个以种植业为主要生计方式的村落，亲属关注是最为重要的关系。尽管 S 村近些年来受到市场经济的影响越来越大，然而亲属关系依然是人们行动的基本原则。而因为建国初期的破坏，S 村的家谱已经不复存在，那么只能依靠村人的口述史，努力恢复村落的系谱。这种社会记忆，受到很强的时代和权力因素的影响。

村人口传 S 村起源于一个来自于安徽、名叫 D 象举的男性祖先，因此，它是一个父系继嗣社会。D 姓是于明末年间到 S 村的，至今已经繁衍了 20 代。最初迁移到 S 村时，是 D 象举带着自己的四个儿子，所以这个父系世系群又分为四个世系群。尽管由于年代久远，始祖的名号人们已经忘记，"文化大革命"中又毁了家谱（当地人称为神轴子）。但是人们仍然能根据居住地和社会记忆分清楚自己属于哪个小的世系群。

"神轴子"在"文化大革命"前一直存在，每年集体祭祀祖先的时候族长拿出来续写系谱。系谱按字排，辈分明确。村内的老人现最多能回忆起"新、雄、甲、治"代，今天村中的"甲"字辈剩余的三位老人已经全部过世，因为它们出生在 19 世纪末 20 世纪初。而村内的"治"字辈基本出生于 20 世纪 20 年代到 20 世纪 30 年代左右，他们也已经步入高龄，今天村内的"治"字辈的老人年纪最大的已经 90 岁，建国后出生的村内青年，没有办法再按照家谱排辈，他们的辈分开始乱了起来。"文化大革命"后出生的人们没法再按字排。然而对于村内的基本辈分，长幼的区分，民众仍然比较清楚。国家权力和意识形态的介入使有形的血缘纽带和字面纽带的标记丧失，然而改变不了人们心底的归属和无形的认同。

S 村中也有几户外姓，一户姓赵，一户姓姜，一户姓王。赵姓和王姓都居住在四个世系群中老大的一组，即七组，王姓居住在八组。赵姓的祖先建国前从外地移居到此，村人说赵姓祖父是在 S 村熬长工，然后被招赘到村里，到今天有三代人。姜姓祖父是一沿街串巷弹棉花的，被招赘到 S 村后到今天也是三代。王姓在清末民初时期移居到 S 村，祖上中了秀才，在 S 村很有地位，王姓到今天也就五代人。这几户外来人口在 S 村内部的社会地位和声望都不是很高，村落民众经常欺负他们，村内小孩也经常拿他们开玩笑。

二、婚姻制度

（一）婚姻规则

S 村的婚姻体系没有明确规定，没有规定必须和谁结婚，或者优先和谁结

婚，而只规定不能和哪些人结婚。S村的人们在寻找配偶的过程中，需要遵循
以下几条原则。

1. 村内不婚

到今天为止，村人认为自己是一个祖先的后代，村内不能通婚。人们说
村内结婚有两个问题：①近亲结婚，尽管人们血缘关系已经远远超过了三代，
但人们仍然认为内部不婚；②村内通婚会乱了辈分，不可能结婚双方永远是
平辈，无论是对结婚双方还是村人，如果上攀或下嫁，都不好。村内曾经在
1995年有一例内部通婚的例子，结果婚后夫妻两人经常打架，日子没有办法过，
最终离婚，这一事例更加让村人坚定了村内不婚的习俗。

2. 不允许父方或母方交表婚

对于S村的每个成年男性而言，尽管人们嘴上说亲姑姑假姨姨，姑表亲
比较亲，姨表亲舅表亲是假亲。然而对于村民来说，无论父方还是母方交表
婚都是不允许的，他们的孩子之间禁止结婚。问起人们这一点，人们说一是
近亲结婚对下一代不好，二是国家法律不允许。

3. 娃娃亲或者交换亲

村落内部为了实现村内不婚，以前曾经有过定娃娃亲或者换亲的方式。
父母在孩子长到十二三岁时，就委托媒人给孩子订婚，订婚之后双方就当亲
家一样往来，直到孩子成年给孩子完婚。另外，村内还有一例换亲，即父亲
把自己的女儿嫁到另外一个村子的一户人家当媳妇，那户人家再把自己的女
儿嫁到这一家来当媳妇，这样对于后代来说就形成一种亲上加亲的现象。

（二）村落婚姻圈与婚姻模式

在上述三个原则下，S村作为一个父系继嗣单位，同时又是一个外婚单
位，村落内部的女人基本来源于村落外部。S村的婚姻对象基本在村子周围。
对于村落通婚圈和通婚史的考察，村人说以前嫁女儿，都是村落跟前。现在

条件方便了，稍微能够远一些了。然而，对于村落内部的父母来说，他们依然不太愿意把女儿嫁得太远，他们认为那样就是把孩子撂了。因为孩子太远，自己经常见不着面，孩子养大了与撂了没什么区别。S 村在 2005 年嫁出去的 13 名女子中，5 名嫁到灞桥集市圈中的洪庆村、豁口村、北陈村、龙王庙村，5 名嫁到斜口集市圈中的岳家沟、高沟村、柳树村、贾村、西张村，3 名嫁到耿镇集市圈中的三里村和椿树村。娶进来的 17 名女子中，2 名来自吕家保，2 名来自龙王庙，2 名来自赵北前，3 名来自岳沟、铁匠沟村、代张杨村，2 名来自杨寨子村，1 名来自柳树村，1 名来自代张杨村，2 名来自三里村，2 名来自椿树村。

施坚雅在《中国农村的市场与结构》中曾描述到这样的现象："农民常常在市场社区内娶儿媳，媒人们和适龄小伙子的母亲们有相当大的保证，可以在整个基层市场社区内寻找未来的儿媳，但他们对体系之外的家庭则缺乏了解，无法从那里寻找候选人。"[1] 施坚雅描述的这种市场婚姻圈，是适合 S 村的。S 村的三个集市圈，就是村落民众的通婚圈，人们最经常通婚的村落名单见书后附录。

村内老人告诉著者说女儿远嫁的原因包括：一是成分不好的家庭，一般找的人家远一些，姑娘嫁到那里以后，可以减少因成分因素带来的负面影响。二是也有部分条件好、要求高的家庭，也在较大范围内选择婚姻对象，由此女儿可以嫁得远一些。老人说以前女儿嫁得近，也和媒人有关。因为父母嫁女儿找媒人，都只能找自己熟悉的媒人，而这些媒人基本是当地的，她们对于当地的情况最熟悉。因此，通婚圈半径不大也很正常。

事实上也不排除嫁得远的或者娶得远的。但在以前是非常特殊的个案，

---

[1]　[美]施坚雅：《中国农村的市场和社会结构》，史建云、徐秀丽译，中国社会科学出版社 1998 年版，第 45 页。

在 S 村，大概就只有在"文化大革命"期间因为划分成分的原因而把女人远嫁高陵县，又从陕北娶回女人的例子。这种婚姻在 S 村只有 6 例，全部发生在特殊年代。

三、社群组织

S 村的社会组织框架，是基于地缘与血缘的共同体，它既有人们源于同一祖先的血缘联系，整个 S 村是一个父系世系群组织；也有人们居住在一个地理区域的地缘联系，人们的社会认同和社会组织建构于此上。

本村现有的四个小世系群，是由同一祖先把财产均分给四个儿子形成的。每一小世系群有自己的长老，也就是辈分最高的人。长子的小世系群的长老既是小世系群的长老也是族长，有关村落内部的事务以前都是通过他们解决的。今天没有了长老和宗族，世系群内部（也就是今天行政上的村民小组）国家的代理人（村民小组长）代替了长老的角色。

人们在每一小世系群内的最小单位是家户，由家户组成小世系群，再由小世系群组成 S 村落。今天的体现就是由四个小屯组成的整个自然村。他们祭祀同一祖先，从事同一种生计，整个村落体现出来的是一个血缘与地缘共同体。

除了血缘与地缘组织模式之外，S 村的社会组织还包括宗教。S 村的宗教据说是明代一个信奉天主教的高官带着家人到这个村落定居之后传承下来的，距今已有四百多年。信众主要由 S 村 40 户 D 姓组成。尽管人数不多，然而因为身份与信仰和村落其他民众迥异，再加上教会经常举办各种集体性宗教活动，这导致 40 户信众的行为很受 S 村其他民众关注。

村落共同体还体现在对村落主神"大婆"的祭祀行为中。"大婆"是村人对一个孝顺媳妇的称呼。村人告诉著者，"大婆"是附近村落嫁到 S 村的媳妇，她孝敬公公婆婆，是村里有名的孝顺媳妇。村人说就因为媳妇孝顺，这个家庭所有人关系和睦，而且子孙满堂。"大婆"七十岁的某一天，她主动要求儿子和一名村人陪同去庙里拜佛，当天她说了一些村人认为莫名其妙的话，当时村人不理解。拜神回来之后当天晚上，村人看到她家上空有祥光笼罩，儿子晚上去给母亲请安时，发现母亲即"大婆"已经坐在床上"坐活了"（羽化）。死后她还在村落中屡屡显灵，帮助那些有孝行的村人和不能生育的媳妇。也不知从何时起，村人修建了庙宇开始纪念她。因为她屡屡显灵，声名卓著，十里八乡的民众都到这里来祭拜她。传统时期也有官员参与祭拜，现在则以乡镇及村委会名义举办庙会进行纪念。

每年农历正月二十五是"大婆"神诞，全村人都去祭拜。"大婆"庙位于土塬的最高处。祭祀仪式举行三天。建国前仪式由长老主持，族长带领村中男性成员按照辈分高低依次在"大婆"像前叩头，然后在"大婆"庙前聚会、共餐。这一天还要请戏班唱戏，费用来源于人们日常的捐献和神诞时收的份子钱，S 村每户人家会主动缴纳 10 元钱，另外还有庙会时收的香火钱。人们经由份子钱、香火钱和共餐关系，发展出一种祭拜共同体和共财关系，这种关系也把人们结合在一起。

这一祭祀仪式在"文化大革命"期间中断，20 世纪 80 年代重新恢复。恢复后最初几年，村人自发组织，政府不参与。S 村"传统办"组织负责"大婆"生日的一切事务。份子钱和共餐又重新出现。"传统办"的负责人是村长，党支部开始不直接参与。20 世纪 80 年代初的"大婆"神诞只是原址上的祭祀；到 80 年代末，村落以捐献和收份子钱的形式重新盖了"大婆"庙；90 年代后，"大婆"的神诞政府开始参与。

今天的"大婆"庙会，不仅是村落人群结合的场所，也是国家（代理人XK镇）出现的场所。开幕式和闭幕式上，领导都会致辞。XK镇成立了一个专门的办公室，负责全镇的这种古会。S村"传统办"的一些人、村镇领导都在这个办公室成员名单上，另外镇派出所还要负责三天内庙会的安全。

解放后，村落社会组织由于国家的强势介入被改变。以前人们以世系群和宗族为单位活动，现在村中有了党团组织、妇委会等。人们就不仅以血缘关系原则行动了，他们也可以在党团组织等业缘组织中展开行动，这时人们的结群方式多样化了。

S村除了世系群、祭祀之外，还存在以"乡性"一词表述的道德评判体系。"乡性"是土语，意指个体在村中与别人的关系好坏、为人处事等方面，是一个综合的评判标准。S村人经常说"我不想叫村人的唾沫星子淹死！"这种体系也把S村人结合起来，使人们轻易不敢违反社区内部规范。

今天S村人们也发展出亲戚、关系户、乡朋的社群组织。这种组织是在四个小世系群和整个村落世系群基础之上，由家户和个体通过仪式和日常生活中的交往发展出来的。个体的主动性在这一点上表现得很突出。因为如果认真说起来，整个村落都是亲戚，然而今天的S村，个体会把小世系群内的人归入亲戚一类，这是关系网络中最高一级。次之是关系户，它是其他三个小世系群的人，和自己互动频率高、关系好，关系户的人数量不会很多。最后才是乡朋，就是村落内部其余的人。

亲戚、关系户、乡朋的关系格局是改革之后才形成的。解放前，S村有宗族和保甲处理各种事务，人们只有小世系群和整个村落内关系远近的观念。改革前，国家强力渗透到村中，历次的政治运动、妇委会、党团员组织等使得人们否认血缘的联系。改革后国家力量退出，村落中原有社会组织已经被国家破坏，人们只有世系群。这时人们开始在世系群内部，以自我为中心扩展自己的关系，形成这种亲戚、关系户、乡朋的社群组织。

市场性生产与消费方式的逐渐拓展，导致货币成为影响今天 S 村民众关系的一个重要因素。民众日常生活的影响因素除了血缘与地缘关系之外，经济利益成为更重要的影响变量。S 村部分民众也逐渐按照村民个体货币拥有数目划分村落阶层和群体，形成 S 村社会组织与群体的另一种模式，比如企业主群体和砖厂工人群体。

以上这些村落社会组织方式使村落人们的行动被限制在一个区域之内。他们对社会资源的利用，完全是在村落内部，村落形成民众认同和社会行动的基础和活动范围。村民以前经常挂在嘴边的一句话是：走到哪里我都是 S 村人。

第四节　仪式、地理空间与社群组织

由以上的描述和分析我们可以看到，S 村是一个父系继嗣群的社会，同时又是一个外婚单位。村落内部社会组织的构成，基本原则是父方血缘关系及在此基础之上的伦理关系，这种村落内部的伦理关系被费孝通总结为"差序格局"。人们社会组织的形成是基于父系血缘、地缘、业缘和祭祀，还有其他形式组织之上的。

尽管随着市场经济在中国大地上的不断推进，村落内部人们对于血缘的连接作用看得越来越淡，然而看得淡并不等于就不存在或者说没有。今天，在村落内部，人们仍然认同意识强烈，意识到自己是一个祖先的后代，他们有或近或远的亲属关系。基于生计的原因，人们的行动单位又是以家户为基本单位，在世系群内通过个体与个体之间的交往和互动，又形成村落内部另外一种村落组织结构：亲戚、关系户、乡朋。

村落的空间位置给人们构建社会组织提供了条件。S村地处黄土高原，人们生于斯，长于斯，也葬于斯。S村是个"仁"字形的地形，仁字的单人旁是他们背靠的黄土原，人们在"仁"字右边的"二"字下面一层居住，上面是一层土塬，人们生计离不开黄土高原，丧葬仪式更要上塬，因为S村的公共墓地在塬上。四个小世系群要合力把每个小世系群的死者棺材抬到塬上公共墓地去。这种地理空间位置也逼迫S村人在日常就形成一种互助心理。人们经常说的一句话是：如果我不帮人，我们家老人过世了也会没有人帮。

对于祖先和村落内部神的祭祀也是另外一种结合的力量。以前在新年、清明、农历十月一日时，村落长老聚焦全村人取"神轴子"面前，共同祭拜开基祖，在开基祖祭完之后，各个世系群还要单独祭拜自己的祖先，这是一种祭祀方式。

另外，就是村落民众对于"大婆"的祭祀，"大婆"诞辰时的份子钱、香火钱和祭祀后的会村聚餐，形成一种祭拜共同体和事实上的共财关系。尽管庙宇原有的公共土地已经在建国后收归国有，土地的共有关系已经被国家强力取消，然而人们的共财关系依然存在，这种共财既包括精神信仰方面的共同占有，也也包括空间地理位置的共同占有，还包括份子钱、香火钱、共餐等物质形式的共同占有。这种共同占有的关系，牢牢地把S村人连接在一起。

尽管国家对于村落利用信仰与仪式的结合方式在以前有过破坏作用，比如拆除庙宇、规定人们不能祭拜。然而，普通民众才不会理会国家的意识形态，尽管高压时期他们可能会采取低声下气的方式回避和国家硬碰硬，然而一旦条件成熟，民众的韧性就会显现出来，传统的力量也会恢复起来。今天村落的"大婆"祭祀仪式，街道办事处也会派员参加。当然国家的参加肯定不会以地方政府的名义，而会采取变通的办法，比如某某研究会。这种变通的做法，被高丙中称为"双名制"[1]。这种双名制，本质是国家权力向民众妥协的做法，同时这个过程中也包含着村落民众的努力。经由这种双名制，原先国家与村落内部的紧张关系得到了一定程度的缓解，国家与村落的某些问题在这个过程中同时也会被解决。而国家的在场同时也会使得 S 村人对自己村落的仪式更加重视，比如丧葬仪式和"大婆"的祭祀仪式。尽管国家的目的和村落的目的不同，然而只要国家在场，S 村人就很自豪。他们认为本村人的地位很高或者本村的神品位很高，人们会说国家都来纪念我们村的人和祭祀我们的神，这也是他们自我认同的方式。通过村落的祭祀仪式，正体现出"个人在社会中，在国家中；社会在个人中，在国家中；国家在个人中，在社会中"[2]。

借助村落之中的祖先祭祀仪式、"大婆"祭祀仪式、丧葬仪式、婚礼仪式及村落民众日常生活中间的互动与互惠，再加上血缘与地缘的连接纽带，共同的信仰与共同的生活习惯等因素，S 村因此成为一个内聚的共同体。正是因为是一个村庄共同体，村落成员才会有明确的成员意识和归属感，村落也有自己的物理界限和心理界限。这种物理界限指的是村落的行政界限，而心理界限则是村落成员通过村落内部的各种仪式性活动、他们之间的互动与互惠合作，他们对于不遵守村落习俗的某些成员的制裁和惩罚而形成的。对于

---

[1] 高丙中：《一座博物馆—庙宇建筑的民族志——论成为政治艺术的双名制》，载《社会学研究》2006 年第 1 期。

[2] 高丙中：《民间的仪式与国家的地场》，载郭于华主编：《仪式与社会变迁》，社会科学文献出版社 2000 年版，第 310 页。

合作村落成员的赞扬和对于违规成员的惩罚，都是在仪式过程中间进行的。仪式成为村落的一个基本公共领域，通过仪式这个公共领域，村落成员可以通过仪式展现、提高自己在社区内部的地位、声望、权力，可以重构自己的关系网络。

第四章
S村丧葬仪式过程和社会人

第一节　选取丧葬仪式的意义

生与死，是人生之大事，尤其"死"是人生的终点，所谓"人死为大，丧之以礼"。从人类学观点看，死亡不仅意味着个体生命和个体意识的终结，而且也意味着整个社会关系和社会网络中某个关节点的缺失，因此，也就会借着丧葬仪式进行某种或者多种社会关系的重新调整。原有节点的丧失，村落借仪式再生产社区的宇宙观。丧葬仪式实质是人们对宇宙和生命的看法和信念，通过丧葬仪式把这种看法和信念表达出来。正如阿诺尔德·范热内普所言："每一个个体总是共时性或历时性地被置于其社会之个群体。为从一群体过渡到另一群体以便与其他个体结合，该个体必须从生至死，始终参与各种仪式。"[1] 丧葬仪式即是各种仪

---

[1]　[法] 阿诺尔德·范热内普：《过渡礼仪》，张举文译，商务印书馆2010年版，第273页。

式中的一种。

　　丧葬仪式既然是对一种信念的实践，就会存在象征意义和独特功能，这种独特的象征意义和功能已经使得中国的丧葬成为一种文化。正如著名学者罗开玉在《丧葬与中国文化》一书中所言："丧葬是灵魂观念的产物。中国灵魂观念的主体趋势是灵魂永存。人死灵魂不死，仍能福祸儿、孙、孙之孙……由此产生了中国丧葬的主要特征：厚葬、隆祭、久祀。在灵魂不灭观念的浪潮下，人们才追求墓室的精良、葬品的丰备，才流行殉葬奴隶、合葬夫妻，才出现集数十代于一地的家族墓地，才出现祭祖上溯数十代的习俗……这一切，在那些相信人死灵魂便投胎再生的民族（如信仰佛教者）中，皆很少见到。与厚葬、隆祭、久祀的文化内涵相应，中国流行对圣人的长期崇拜，主张对权势、长者的恭敬服从。于是封建集权、统治中国两千多年，为世界罕见。"[1]

　　在今天的 S 村落社会中，丧葬仪式经常以相同的程序不断地被举行，村落成员在此过程中也不断被反复强化，这使它成为一种社会认同、动员和整合的手段。华琛（James Waston）在一篇名为《中国丧葬仪式的结构——基本形态、仪式次序、动作的首要性》的文章中，认为："如果有事物可以创造和维系着一个一统的中国文化的话，那就是标准化的仪式了。作为一个中国人，就要理解并接受这一个观点：中国社会里有一套正式的、与人生周期相配合的仪式动作，其中婚礼和丧礼是主要的生命周期仪式，普罗大众按着认可的仪式程序，投入文化整合的进程。在大多数的情况下，普罗大众的参与都是自愿的，没有受到国家权力机关的驱使。我们今日所谓的'中国人'可以说是几百年来仪式标准化过程下的产物。"[2] 他认为中国的丧葬仪式首要

_____

[1]　罗开玉：《丧葬与中国文化》，三环出版社 1990 年版，第 3 页。

[2]　华琛：《中国丧葬仪式的结构——基本形态、仪式次序、动作的首要性》，载《历史人类学学刊》第 1 卷第 2 期。

的任务是转化，即生命状态的转化、神圣与世俗的转化、亲属关系的转化、物的转化等。在这个转化的过程中，需要民众进行如下行为以实现这种转化：①公开宣布死讯；②死者亲属穿上白色的衣服、鞋和头巾；③替尸体做仪式性的沐浴；④将食物、金钱和物品，由自生者的世界转到死者的世界；⑤为死者准备和设立神主牌；⑥仪式性地使用金钱和聘用专职人员；⑦音乐陪伴尸体及安置灵魂；⑧将尸体密闭在一个不透气的棺材中；⑨将棺材送离社区。[1]华琛观察到的转化过程和仪式结构，在今天的S村也存在。我们将在下面按照S村今天的丧葬仪式过程进行描述。然而S村的仪式过程与华琛的描述大同小异。

丧葬仪式受到S村人如此的重视，村人告诉著者说这是祖先留传下来的规矩。在著者看来，这种规矩的本意就是华琛所说的仪式的标准的结果。而在这种仪式的标准化背后，则是帝国成功地把自己的意识形态和价值观渗透进村落民众的日常生活中，不断地进行实践，从而使他们把这种意识形态和价值观内化为自身的价值观。在丧葬仪式过程中，影响S村民众的精神伦理是灵魂不死与孝道观念。儒家认为孝道同时具有内外两重意义：对内是借以启发人心的自觉；对外是借以象征对整个人类社会及历史文化的关怀。作为个体来说，他需要努力在日常生活中不断修身，进而达到内圣外王的境界，而内圣外王的发端便是孝道。而孝道又分为两种：一种是对活着的长辈孝，二是对死去的长辈孝。对死去长辈的孝就是慎终追远思想的发端和起源。

而个体对于死者的孝，渗透着一条原则，那就是生死如一。既然有灵魂不灭的信念，那么死人死去只不过是睡着了，他醒过来之后还需要像正常人一样生活。在丧葬过程中，死者的亲人就需要为死者创造尽可能像他生前一样的生活环境。在S村，著者见过民众对于老人尽孝，就是把老人生前喜欢

---

[1]　华琛：《中国丧葬仪式的结构——基本形态、仪式次序、动作的首要性》，载《历史人类学学刊》第1卷第2期。

的所有东西全部陪葬在墓中。另外，还需要给老人烧一些纸制的最时髦的家用电器等。

在S村，祭祀祖先的仪式有两种，一种是个人的，一种是集体的。个人的祭祀是指新亡不久的亲人。在对他们的祭祀仪式中，人们既要把刚过世的死者灵位供奉起来，在灵位前为他摆上生前喜欢的食品，全家所有人要为他守灵，在各个忌日他也要受到纪念。这个祭祀仪式包含有复杂的程序，这个程序一般为期三年。这种守孝三年不仅是晚辈对于逝去的长辈的亲情和养育之恩的回报，更是一种"礼数"、一种政治方面的行为。S村的民众三年之内家庭亲人的牌位不撤，日常要烧香。墓碑不立，对联用白。只等三年一过，对联用红，墓碑立好，灵位归于祖先，逢年过节再给他烧香。对于守孝三年的来历，《论语》记载过一则故事，孔子的学生问孔子为什么要给父母守孝三年，孔子说如果不守孝三年，就是不仁。因为小孩子需要父母抱在怀中的时间是三年，对父母守孝三年是回报父母的养育之恩的。

另一方面，整个S村落在每年的春节、清明、农历十月一日等重大节日中，都要向开基祖和各个世系群的祖先烧纸祈福，祈求祖先保护村落的所有一切。S村集体的祖先，包括历代逝去的祖先和亲人。后人们给祖先献上丰厚的祭品，在祭祀结束之后人们再把给祖先的祭品分掉。这种祭祀过程和仪式是整个S村落群体所共有的精神资产，今天S村四个自然村中每一个个体都会作为集体祖先人格的映像和镜射存在，同时也受祖先的保护。

以前个体对于自家祖先的祭祀由家长带领，对于各个世系群祖先的祭祀由这个世系群的长老带领，对于开基祖的祭祀，由四个自然村中的长老集体商量，带领全村人祭祀，这一切在建国后都被压制和取消。尽管今天村落内部人们又可以光明正大地对个体与集体的祖先进行公开的祭祀，然而这种祭祀的神圣性已经大打折扣，世俗性的、功利性的目的居多。村落民众如果自家有事，往往可以不来参加。在祭祀了各自的祖先之后，每年的正月二十五，又会去祭祀"大婆"。

今天，S村落的人们在取笑村落某个个体时候会把他的祖先拉出来一并羞辱："亏你先人呢"、"羞你先人呢"、"你连你先人的坟都寻（音 xin）不着了"；夸某个个体时会说"你老先人的坟上冒青烟了"、"你先人积德了"。

除了丧葬仪式这种场合之外，在丧葬仪式中使用的物品也对于村落内部的个体与个体、个体与群体之间的关系连接起着重要的纽带作用，这就涉及人类学对于礼物和商品的分类及其功用的分析和描述。

对于人类学学者来说，世间的物品大致可以分为两类：一类是用于交换的商品，一类是用于交换的礼物。商品交换是通过相互独立的交换者之间的交换可异化的商品建立起来的平等的客体关系，而礼物交换是通过相互有亲属关系的交换者之间交换不可异化的物品所建立起来的分层的主体之间的关系。这种物化的过程在商品经济中表现为物的社会形式，而在礼物经济中则表现为人的社会形式。在这个过程中，即有物与物的直接交换，也有物的不断循环，更有人的循环。[1]在人类学有关物与人的关系探讨的背后，交换才是其实质，它是社会再生产的机制，并且不同类型的社会具有不同的交换内容与形式。S村丧葬仪式中民众通过礼物与劳务的交换，村落内部的个体及死者的亲属群体不断再生产出各种社会组织及其关系，从而实现社会结群。S村的丧葬仪式也是如此。

---

[1]　[英]C·A·格雷戈里：《礼物与商品》，杜杉杉等译，云南大学出版社2001年版。

第二节　S村的丧葬仪式过程

S村的丧葬仪式过程一般在三天之内会举行完毕。透过这三天的过程，丧葬仪式中各色人等纷纷出场，在仪式中表演属于自己的角色。而在这些各司其职的角色背后，渗透着乡村的伦理道德和意识形态。丧葬仪式的场合与这些伦理道德和意识形态共同促成了S村个体与个体之间的相互嵌入的关系。正是因为个体与个体、个体与群体之间的相互嵌入，S村才真正成为一种你中有我、我中有你的共同体。在这三天的空间与时间的交织中，S村人及其死者的亲戚共同合作，使得村落的秩序和公共舆论不断演进，进而保证村落的人群结群和公共领域。下面著者首先按时间顺序、接着按空间顺序对S村这三天的仪式做一描述叙述。

一、第一天：仪式初起

第一天事实上是举行死亡仪式的准备阶段。这一阶段对于丧家来说要做两件事：报丧，入殓。在此之前与老人过世的一些相关工作就已经做好，比如寿材和寿衣的准备。S村的大部分民众，在长辈活到六十岁以后，就开始请木匠给家中老人做棺材。棺材的材质分上、中、下三等，上等材质使用松林、柏木，中等材质使用楸木，下等材质使用桐木和杨木。在请木匠时，首先选个好日子，然后请木匠好酒好菜吃一顿，并在席间给木匠一些零用钱和红布，木匠必须把此红布缠在手上。等到寿材做好之后，寿材之内留些木屑和刨花，这些木屑和刨花，需要老人的儿女们亲自清扫，是为扫木仪式，扫木仪式必须由女儿来扫，扫完之后里面不能为空，还要放一些红纸，表示健在的长辈健康。父母长辈健在时，寿材不能漆。只有等父母长辈过世入殓之前，寿材才能漆。

寿衣也是在家中长辈过了六十岁之后开始准备。一般寿衣包括帽子、衣裤、鞋、袜。寿衣必须准备三套，寿衣必须用棉布织成，寿衣一般也是女儿来做。寿衣的外衣里子一般是红色布料，男性寿衣外面基本为杏黄色，女性为藏蓝色，并且寿衣不用使用扣子。

老人死亡分三种，一种是在自家自然死亡，比如某天睡觉睡过去了。老人如果自然死亡，对于S村的这一家庭来说，是一件好事。村内人们会争相传诵这家老人的自然死亡，并争相传诵这家儿孙对于老人的孝敬。另一种是老人生病，然后送到医院，经由医生告诉家人说老人已经不行了。在老人临近死亡时，家人无论如何要把老人送回家里，让老人死在自家而非医院。村人告诉著者说，如果人老在外面，会变成孤魂野鬼在外游荡，既找不到回家的路也无法超生。老人送回家以后，一般根据不同性别安排在不同房间。如果是男性，就把他放在正屋，如果是女性，就放在内屋。另外第三种就是老人横死的，比如遇到车祸或者其他灾难死亡，或者干脆老人自杀死亡。采取这种死亡方式的老人，家人基本不需要遵守三天才下葬的习俗，基本一天之内就下葬，而且这个老人还不能和自己的祖先埋在一块，只能单独另找一地方埋葬。采取这种方式死亡之后的这户人家，此后在村里就会抬不起头，因为村人会在背后议论说老人可能生前没有得到儿孙的良好照顾，因此，才会走上绝路。这家儿孙不孝的评论就会在民众之间传播。这种声望对于还健在的儿孙来说不是个好消息，会影响到他们以后在村落中间的为人处事。

在老人咽气之后，孝子要立即请人给死者剃头，然后再用酒精帮老人洗脸、洗全身，接着帮老人穿好寿衣。因为老人尸体一旦发硬，这些都没有办法进行。然后孝子拿一个瓦盆，里面放一张粗纸，哭着到家门口烧掉，寓意送终。完后这瓦盆拿回来放在死者脚前，成为孝盆。在出殡之前，给老人的纸钱都需要在这里焚烧。出殡之时，这个瓦盆在灵前摔碎，警示老人要离开家回到祖先那里去了。另外，老人临死之前，还要给老人口中含一枚拴着红绳的钱币或者玉石，是为探口钱。老人咽气之后，家里的寿材棺盖要翻过来，用凳子支好，然后把老人抬起来放在棺材盖上，头往大门方向，脚往房屋方向，再用白纸苫住面部，是为苫脸纸。苫住死者面部之后，再把死者的手、脚、脖子、身子等部位放正，衣服还要儿子用手抚平，同时死者的双脚要用麻绳绑起来，是为绊脚绳。所有这些事情处理完之后，停尸阶段基本结束。

停尸完结之后，儿子再以厚纸或白布，上写死者姓名、死亡年月日，作"魂帛"暂代位牌，供于正厅一角，燃烛烧香。孝子于门柱"挂孝"，用白纸写明死者姓名、生卒年月日，亡父贴斜左，亡母贴斜右。还要在门口贴出"讣告"。

孝子派人把死者死亡的消息通知自己的亲戚、关系户和朋友，这是"报丧"。报丧又分为两种，对于远方的亲戚，一般四个人从东、南、西、北四个方向口头通知。报丧者必须和死者有血缘关系，报丧时一般不会进入亲戚的家门，只在门外通知就行。报丧又根据死者性别的不同，最先得到这一消息的人也不同。如果死者是男性，报丧者会先通知死者的舅家。如果死者是女性，报丧者会先通知死者的兄弟，也就是死者的娘家。村人告诉著者说通知舅家的原因是舅家永远为上。从人类学的角度来看，舅家为上的原因是他处于给妻者的地位，给妻者永远都处于上位的，这是一种等级秩序。

村落内部的通知要由死者长子亲自出面。首先他必须告知村里地位比较高的长者或者其他人，然后才是通知其他乡亲。在村落内部的报丧实质上是请乡亲（当地叫"请执事"）帮忙的过程。因为丧葬事情在一户人家来说，算是大事，中间包括挖墓、迎亲、送葬等，都需要有乡亲的帮忙。丧者的亲属此时是不能参与动手的，他们必须以恸哭表示自己对死者的哀悼之情。除了请"执事"之外，还要为所有"执事"请一个总负责人（当地称为"执事头"），他负责安排丧事过程中所有的大小事务。著者曾经有幸参与村落内部的一个丧事，当时著者被安排给挖墓的人送吃喝，每天分三次。挖墓的人讲究白天挖墓不能回丧者家中，只有等晚上才能回到自己家里。直到墓挖好之后，丧者的儿媳去扫过墓之后，这些挖墓的乡亲才会隆重地由丧葬的儿子迎接回丧家，再隆重地宴请他们。

"执事头"是村中有头脸的人物，要通晓有关仪式，要有一定的组织能力和威望。这样才能体现丧事对死者的意义。村人一再谈起丧葬是对逝者的总结。而且仪式还有一个继往开来的意思，请谁来组织就显得重要，所以"执事头"必须安排好。建国前"执事头"由村中长老担任，长老既有一定权威，又是仪式专家，丧葬仪式会办得顺利。然而建国后这种职位被村中官员担任，就出现许多问题。首先，官员并不一定在村人心中有权威和地位，其次官员并不一定是仪式专家。

报丧结束之后还有奔丧。家中长辈突然过世，儿子出门在外听到噩耗，无法在老人咽气之前赶回，他必须以最快的速度，力争在入殓或者下葬之前赶回，参加丧葬仪式，是为奔丧。儿子在外听到长辈死讯，立即恸哭，然后回到村口，放声大哭。到了自家门前，兄弟姐妹出来陪哭，儿子一直哭到灵柩前，换上丧服，恸哭拜灵。奔丧之人如果在停灵之日没有赶回，回家之后不能进入家门，必须首先去墓地，由家人换上孝服，在墓前恸哭之后再回家中。

报丧亲戚朋友来之后，要入殓。入殓之前的棺材里外的布置是外面用黑漆漆黑，用红字写上"福、寿、禄"。棺材里面使用红布全部包裹，最底部放些麦草，麦草上面撒些草灰，吸收尸体的水汽。草灰上面放些银纸，银纸上再放纸钱，是阴间的旅费。然后再铺一层褥子，放好枕头。

入殓仪式开始之时，"贺礼生"（当地人对丧葬仪式中主持仪式的人的称呼，是专业人员，他的资格的获得要有一定的途径，比如世袭，比如某些先天的天赋）在旁边要求吹鼓手奏乐，他再念一些与丧礼有关的诗文。这时对于棺材内部的安排，还需要由村内德高望重而且福寿双全的老人做礼仪指导。在这个老人的指导之下，乡亲们帮忙把死者从棺材盖上抬到棺材里。接着给死者盖棉被，在这些棉被的周围再使用一些用麻纸包的草灰包，这些草灰也能够帮助吸收尸体的水汽，最后封上棺材。一般在封棺材时要用七颗钉子，而且边钉钉子，"贺礼生"还要让死者的儿女们帮忙做些事情，以示他们与老人从此之后阴阳两隔。

入殓的过程事实上也是死者和生者隔绝的过程，对于死者来说，他已经进入另外一个世界，不能再在阳世生活。以后他会保护自己的家庭及后人，也会保护整个村落内部的人，他进入了被祭祀的祖先的行列。对于生者来说，意味着与自己朝夕相处的亲人走了，自己以后再也不能见到他，但是生者又要对死者有责任，他必须逢年过节都要祭奠死者，这样死者才能与生者形成互惠，死者也才会福佑和保护生者。

入殓仪式结束之后，所有与死者有亲属关系的人都必须穿上丧服，这种丧服根据与死者关系的远近不同而轻重有别。一般亲生儿子、女儿全身为白色衣服，孝子要腰系麻绳，鞋后跟至鞋头被白布缝裹，鞋子要趿上，手中还要拿丧棒。其他的亲属要身穿孝衫、头戴孝帽，所有穿孝服者都称为孝子。此时怀孕的儿媳和小的孙子辈的儿童需要在孝服的胳膊上簪一条红布，以免尸体的秽气伤到他们。

入殓的时候必须哭丧，想到什么就哭什么，搭着什么就唱什么，没有限制。

其内容主要是倾诉对死者的思念之情，自责对长辈的不孝，一般没有太多的限制。入殓完之后第一天的仪式就会结束，孝子就整晚在灵前守灵。闻讯赶来的亲戚朋友这时会回去，直到第三天下葬的时候再来。

二、第二天：仪式中段

丧礼第二天一大清早，执事要帮忙搭灵堂。灵堂是停放灵柩和供亲戚朋友祭奠的地方。丧礼之时，丧家的整个院子一般会被一个比较大的篷布全部遮盖起来，如果院子太大或者布太小，至少要把正屋的前面盖住。在这个篷布下面，还会再搭一个小灵堂。灵堂一般分前后两部分，前面是献桌，后面是灵柩。一般是在棺材前上方架起一个小棚子，棺材位于这个小棚子的后面，用黑布覆盖。这个棚子上面要挂有白色的横幅，上面用白纸写四个字"音容宛在"或者"德泽长存"。

小灵堂中央摆放的献桌专门用来摆放祭祀用品，包括死者的牌位和遗像、亲友的献饭和各种纸活（用纸扎的器具）。今天的纸活一般包括靠山、神庭、过庭、牌楼、人马、童男童女、旗杆、金银斗、鹿鹤、电视机、小汽车等。桌子最前面中央位置摆放的是香炉，两边是香烛，香炉是供亲戚朋友祭奠时上香用的。供桌左边摆放的是长明灯。一般上香是三枝。香炉后面是九碗饭，有煮熟的，也有买的食品，这些食物必须上面插花，叫"花饭"，是专门给死者准备的，即使坏掉生者也不能食用。食物两边是纸糊的八个"金童玉女"，四男四女，全部以侍者的形象出现。食物的后面是阁楼，也是纸糊的，代表家屋。这个家屋，一般是由孙子拿到坟墓去烧掉。供桌前一尺左右摆放着另一瓦盆，用以焚化奠祭纸钱，再向前铺一草袋或垫子，以便祭奠人跪拜。

在供桌上摆献饭也是有讲究的。献饭是向亡者灵位奉献的祭品，一般是由厨师所做的精彩面食和肉菜，种类包括油炸、蒸炒，也有其他素食，一般至少要包括两碗大肉、两碟子大馍和油炸的贡品，而且每种献饭均为双碟或双碗。祭品为三牲祭品，即猪、羊、鸡。对于献饭的摆放也有一定仪式过程：在唢呐锣鼓乐队声乐中，奉献祭品必须有孝子端盘子，两个人接摆。每端上一种饭菜，孝子（一般为长子）要头顶盘子，待摆饭者把饭菜从盘子中取下，摆在纸活前面供桌上后，再去端另一种饭菜。献饭时，除过长子跪在灵前外，其余孝子均要跪在灵堂内两旁，面向外。待饭献齐，长子点纸焚化叩拜后，所有孝子均要恸哭，称哭丧。哭丧毕，孝子按辈轮流在灵堂前点纸祭奠后，仍要守灵。灵堂地上均铺有谷草或麦草，俗称跪草。献饭也是由讨妻者群体，即女儿女婿拿来供奉给死者的。

灵堂里面棺材上面覆盖的黑布是死者的讨妻者群体送的，这寓意着给妻者的地位比讨妻者要高。女儿和女婿还要送给丧家白布，女儿和女婿送的白布要挂在灵堂前面供桌上方，这被称为"幛子"。幛子上面中间要写一个很大的"奠"字，左右两边还都要写些属于对联性质的小字，内容基本是表达对于死者的怀念之情的。棺材的大头一边必须点一盏油灯，在这三天里，油灯必须始终保持不灭，随时要有人照看油灯，这个油灯的灯油也是由死者的讨者妻群体送的。人们说这油灯是给死者引路照明，怕他才从阳间到阴间，在路上看不清楚。

灵堂搭好之后，需要孝子守灵。守灵又称护灵，民间俗称跪草。守灵人均是死者的直系至亲和家庭成员，包括儿女、儿媳、孙子、孙女、孙媳、侄儿、侄媳等人。守灵，在入殓前，称守灵床，入殓后称守灵柩。守灵人既要象征性保护尸体不受外鬼邪魔侵犯，又不让狗猫靠近尸体。民俗观念认为，猫、狗或其他动物靠近尸体会惊尸。守灵人一般按照男左女右分跪灵柩两边，面带悲哀，庄静肃穆。守灵是晚辈向长辈尽孝的一种方式。人去世后的第三天，为亲戚乡邻前来祭奠的日子，民间称为待礼，孝子仍然一直守灵。所有来宾均带上纸钱和礼品来到主人家。每来一批宾客，唢呐队就要吹奏，以示迎接。对有送匾幛和纸活的来宾，唢呐队和孝子要在大门外或崖头上百步外，奏乐、响炮，迎接来宾到院内。所有来祭奠的宾客，先到灵堂前祭奠，由孝子接香、接纸、接酒壶。宾客作揖叩头时，孝子均要在原地跪着叩头配祭。待客的宴席形式和酒菜与红事基本相同。

这是关于灵堂内部的布置，在这中间靠山、神庭、过庭、牌楼、人马、童男童女、旗杆、金银斗、鹿鹤、电视机、小汽车等是非常重要的，对于生者来说，自己亲人到阴间没人陪，而且又不熟悉，所以才会用这些东西使死者在阴间不会寂寞，生活也会过得像在阳世一样。

在丧家大门外面，也需要有所布置。乡亲帮助丧家把讨妻群体送的蟒纸（当地人俗称灯笼纸）挂在门口的大树上，另外还有一个比较高的招魂幡也要在门口挂出来。而且开始在外面搭戏台，请戏班唱戏。

灵堂的空间安排反映了当地人的人观。无论生前还是死后，人们都必须要有人服侍，而且生死阴阳的界限分得很清楚，祭奠死者的食物生者是不能吃的。

第二天傍晚，要对死者进行一次规模很大的家祭。举行家祭之前，孝子要把祖先灵魂请回一同享祭。长子抱着亡者灵牌，由村人引路，其他孝男孝女紧随，在乐人的伴奏下，去祖坟燃香烧纸，请祖灵回家。请回的祖灵按列祖列宗的辈分摆放牌位，辈分高者在上，辈分小者在下，不能平列。一般只请死者同辈中年纪小于死者的亡灵，俗谓"请小不请大"，意为请回死者的长辈，难于安排座位，而请回早年死去同辈中的小者，可在偏旁陪坐。死者的配偶如先于死者亡故，这天夜里还要把死者配偶的亡魂请回陪祭。孝子手捧死者配偶的牌位和遗像，在吹鼓手的引导下，到村外去烧纸、祭奠，回家后，将两人的牌位分男左女右供奉在一起，谓之"请灵"或"请魂"。

这天晚上，所有的亲属、关系户、乡朋也要各具献供前来祭奠。一祭是献六或九碗花样各异的菜肴，名为"食垒"，表示对亡魂饯行，称为"礼祭"。亲友献供时，孝子手持哭丧棒，于门外叩头跪迎，直至迎到灵前。吹鼓手吹奏哀乐，孝子跪地陪礼，俗称"迎献饭"。"迎献饭"时，须先将死者舅家或娘家的菜肴饭食迎到灵前献上，然后其他亲友的供品才能被迎入灵前供献。

亲友"礼祭"毕，先行"穿神点主礼"。这是Ｓ村丧葬习俗中极为严肃、隆重的一项仪礼，孝子在葬前数日，就要手持红帖，跪请当地德高望重的长者作"点主官"，并请"贺礼生"从旁边协助侍点主官。举行"点主礼"前，要奏乐迎接点主官和"贺礼生"，并提供专门的好地方供他们居住。死者的牌位，在死后三周年以前称"灵位"，三周年以后称"神主"。神主牌子用优质木材制成，长约一尺，宽约三寸，讲究的人家还要镶嵌玻璃。木牌子上用毛笔正楷书写"故显考×公讳××府君之神主"，女者写"故显妣×氏××孺人之神主"，左下侧写"孝男×××供奉"，如果死者只有一个儿子，儿子又早丧，就要写"孝承重孙×××供奉"。但在写牌位时，故意把"神"字少写最后一竖，"主"字少写一点，孝男的"孝"字空着不写，等举行"穿神点主礼"时，再把所缺的笔画和空着的字添上。仪式开始，孝子跪请点主官入座，"贺礼生"高唱："行点主礼"，又接着唱："孝子磨丹！"孝子将朱砂磨好后，"贺礼生"又唱："请点主官安神点主！"这时点主官严肃地从座位上站起，执笔蘸红墨水，在"神"字上补加一竖，叫"穿神"；在"主"字上补加一点，叫"点主"。"贺礼生"又唱："赐孝字"，点主官就在"男×××供奉"前加上一个红"孝"字，至此，穿神点主礼告成。

晚上客人到齐后，接着举行"三献礼"，亦称"家祭"。三献礼就是众孝子按辈分、长幼次序，依次捧祭品献于死者灵前，俗称"献饭"。Ｓ村的三献礼顺序为：一献为死者的子女献馐馔、玉帛、香楮，称"初献"；二献为死者侄儿献玉帛、三牲（鸡、猪、牛、羊肉），称"亚献"；三献为孙辈献香茗、水果等，称"终献"。每献各有祭文，内容多为歌颂死者生前勤俭治家，抚老养幼，历尽艰辛和死者平生为人与功绩等赞美之词。祭文自作者少，请人代撰者多。行三献礼之时，亲友要行祭拜礼，今天S村的祭拜礼也按照与死者关系远近分别有"六拜礼"、"九拜礼"、"十二拜礼"、"二十四拜礼"等形式，由死者的儿、女、孙子、侄儿、女婿、外甥等分别采用，以区别生者与死者的亲疏关系。普通亲友行祭奠一般只须磕三个头，上一炷香即可。

　　仪式开始时，先由男孝子跪请"贺礼生"出场。"贺礼生"既要唱行礼仪式，唱得多而且复杂，而且还要将行礼之人引到灵前祭奠，再引归原位，并朗读祭文。"贺礼生"出场后，首先高唱"行初献礼"，在哀乐声中孝男孝女从守灵处走出，到盥洗处净手、洗脸，然后到灵堂前拈香、燃烛、化纸、三拜九叩，跪在灵柩前面。接着"贺礼生"又高声唱道："进茶、进膳、进饼、进祝文（祭文）!"一人手捧祭品，从孝子头顶举过，将所进之物一一置放在祭桌上。"贺礼生"又高唱："读祝者进跪，展祝文，读祝文"，读祝文的人就用哀痛的声音朗读，读完，退出灵堂。"贺礼生"又高唱："拜初献，孝子大哀"，孝子当即伏地号啕大哭。"贺礼生"又高唱："初献礼毕，孝子如前守丧，打恭侧坐，伶人以乐侑食。"到此，初献礼结束，"贺礼生"在侧座用茶点，稍事休息后，开始行"二献礼"，仪式过程同前。礼毕，由乐人奏乐曲，或由自乐班唱地方戏。在二献礼后，行"终献礼"，三献礼完毕后，还要行省食合羹礼，即调盐、醋、浆等。然后"贺礼生"高声唱道："百味俱在，一味未食，合家痛哀。"全家孝子放声痛哭，向死者烧纸跪拜，至此，三献礼宣告完成。

　　三献礼后，孝子和亲友围坐灵堂守丧，通宵不寐，谓之"暖丧"。其间要升棺（把棺材抬起稍垫高一点）三次，意在恭送亡灵步步升入天堂。这一天晚上，死者亲属还要请自乐班演唱秦腔戏，或者表演木偶戏，有的演电影，通宵不停，直到第三天凌晨，这也属于"暖丧"的一部分。

三、第三天：仪式高潮

第三天一大清早首先儿媳妇要大声哭着把大门打开。让儿媳清早哭着开门的含义人们说法互相矛盾。有人说儿媳打开大门，表示死者要离开阳间去阴间了，儿媳大哭表示亲人即将要走了；也有人告诉著者说其实一大早开门和大声哭，是想把死者游荡的魂魄招引回来，因为死者才死去他的魂魄离开肉体后就在家屋周围游荡，但是又回不到肉体中去。

在这之后第三天的各项仪式正式开始。首先"执事头"会问墓穴挖好了没有、媳妇扫墓回来了没有等问题。其实墓穴早已经挖好，因为"挖墓"是从仪式第一天就开始的。对于祖先崇拜来说，墓穴也是一个很重要的象征。黄土高原墓的形状是"凸"字形，也就是人们在长方形竖穴的一端向内掏出墓室，埋葬时先将棺木落入穴底，然后再推进内室，放好棺木后还要用砖或其他器物把内室的门封住，最后是用土掩埋并堆成一个土堆。对于这种埋葬方式，考古学证实从古代到今天，西北地区的埋葬方式一直没有多大改变。[1]

S村民众在挖墓之前，首先会请人在塬上公墓之中选定一个墓址。选定之后，孝子焚香奠酒，祭告土神，祭毕，孝子先动土挖三锄，将锄从头顶向后扔过，由挖墓人拾起锄头继续挖。挖墓人一般请八个，名为"八仙"。孝子要轮番给"八仙"送饭，去时要边走边哭，饭送到墓地要给"八仙"叩头，所送饭食只送干饭，不送汤饭，挖墓人还不能留下剩饭。墓一般在一两日内就会挖成，S村的墓制形式为窑洞式，即先挖一垂直的墓坑，深达丈余时，再在墓坑壁上开口，挖一横向墓道，以备停棺。墓道很宽绰，放进棺材两边还可过人，有钱

---

[1] 朱齐：《1987 年中国史前考古重大发现》，载《新华文摘》1988 年第 9 期。

人家还要用砖石或水泥箍墓。挖墓起土的地方叫明礓，坑下挖的墓室称墓窑，墓窑顶头上方要挖一个小窑台，备放清油灯，灯内为棉花芯。

S村的公共墓地原在土塬最高处，建国后被取消。人们没了专门的墓园，却变通一下，每家把墓放在地头，挨在一起埋，这样公共墓地仍然存在。而且墓地和"大婆"庙同处于土塬最高处。我们可以看出，"大婆"祭祀和祖先祭祀对于S村人来说，同样重要。

第三天全村落的男人都会到丧家来帮忙。年轻小伙要帮忙组成几队抬棺材，其他人都会从自己家中带着铁锨，跟在送葬队伍后面帮忙填土堆坟。S村的空间位置决定了人们必须这样做，否则死者棺材不能顺利送到塬上公墓中去的。因为公墓处于土塬最高处，而要到达公墓，必须经过三个很陡峭的土坡。这三个土坡一边是土崖，一边是深坑，再加上其地形陡峭，S村的土坡这里曾经出过很多事情。比如一次村人拉着重物的马车上坡到半道，刹车失灵，马拉不上去之后车滑到了旁边的深坑，结果车毁马亡，重物尽失；又有一次村人的拖拉机从土坡下来，因为坡度太陡，刹车不及，车也掉到了旁边的深坑中，最后车毁人亡。因此，送葬的队伍在上坡之时一定要由精壮劳力抬棺，以防止出现意外。抬棺的年轻小伙要分成三队，一个土坡换一队人。抬棺材的三队年轻小伙必须由四个世系群的人组成，分别抬棺材的四个角，每个世系群都要出人。传统是村中的乡绅和长老出面招集各个世系群，今天是行政力量的代表即各村民小组的组长出面招集各个世系群也就是各个村民小组了。孝子一般会首先把每个村民小组长请到家里坐镇，这样全村的人都会来了。村落内部每一家都会出至少一人去参与第三天的仪式。

今天的S村，抬棺材一般是八个人，每个角是两个，这八个人也被村人称为"八壮"，他们旁边还随时跟着替换的精壮青年。上一个坡，就换一队青年。一般情况下，每个世系群的人都会聚拢在自己所属的那一角的旁边，等着替换没力气的人。其他不抬棺材的人自动跟在人群后面，扛着铁锨，去送葬。

正式的仪式是从人们把棺材从屋内移至门外布置好的告别仪式场开始。由"贺礼生"主持，这称为"转棺"，然后再"奠酒"就是让死者的外甥辈、侄男侄女辈的人在灵前给亲人送行。执事在旁边给这些孝子倒酒，每一个侄辈的孝子要跪在灵前，把这杯酒左转三圈，右转三圈，然后洒在灵前，再三跪拜。"奠酒"完之后再是"披红"，这是一种表彰媳妇对婆婆的孝敬的仪式。当着村落所有人的面，使孝敬父母这一观念在人们脑海中扎根。

"披红"也是根据死者的性别进行的。如果死者是女性，就由死者的兄弟（dB）执行这种仪式。如果死者是男性，就由死者舅家的人举行这种仪式。再接下来是行"棺罩"，就是以一种由竹子撑起的布房子盖在棺材上，棺材上覆盖的黑布仍然不会取掉。这种撑起来的布房子上画的都是传统的一些有关孝的故事。房子的前面一般装饰是龙头，后面是龙尾。

这一切就绪之后，人们开始等候着扫墓去的儿媳妇。这项工作是儿媳和女儿进行的。她们带着簸箕、扫把、用红纸包的"封"以及一些纸钱和酒到打好的墓穴中去。按规矩，儿媳必须亲自躺在墓穴中试试墓穴的大小。纸钱是用来收买沿路上的鬼魂的；酒和"封"是用来给打墓的人的；簸箕和扫把用来扫一些墓穴中的土，并且放在旁边等候葬的时候用。

等儿媳扫墓回来之后，正式起灵。起灵时放炮，村人说是一是通知村落的人，二是叫醒死者，要上路了！沿路也要放炮，村人说是要用这个开道，吓跑路上的其他孤魂野鬼，使死者安宁地到达阴间。

亲族中五服内的晚辈都要参加送灵，外来的亲友邻居也要参加，人越多越好。奠酒结束后，由一专门的乡亲先把灵堂献饭端回厨房（留少许带到坟上献饭），撕下灵堂前的吊联，将所有纸活由每人一件捐出门外，依次排列好。

大门外放两条长凳以备暂放灵柩。室内起灵要响纸炮，以示驱赶邪魔。由另外一专门乡亲把拿出的纸和灵堂撕下的吊联用筐装在一起，再由一专门乡亲用筐把坟上需要的炮、香、纸装好，并要提一筐麦草，以备坟上点烧纸活用。送葬时把主人家讣告和亲友送的纸活、灯笼纸等均苫在棺盖上。然后，帮忙抬灵的乡亲用皮绳和椽杠绑好灵柩。灵柩被抬起前，随着前面抬灵的乡亲的一声喝叫，参加抬灵柩的人一起使劲，灵柩就被抬了起来。此时，死者长子要举起纸盆，对准灵柩大头，猛一下将瓦盆摔烂，而且越碎越好。万一未被摔碎，扶丧人立即要向前一脚，将瓦盆踏碎。杠夫们齐喊一声"起！"立即将灵柩抬起，送葬人尤其是妇女号啕大哭。鞭炮开始放了起来，在唢呐声中，送灵人依次队列前行。S村的习惯要求，灵柩一抬起就不能放下，直到墓穴之前。

灵柩出了丧家之后，所经过村落内部邻居家门前时，各家都要点燃一堆柴火，意在防止鬼魂进入家门。如果是横死者，那么各家都会在家门前撒些白色石灰，防止尸体带来的污染和秽气进屋伤害家人。灵柩前系两条白布，长约丈余，孝子、孝孙手持哭丧棒，按辈分及长幼分前后顺序，弯腰牵引灵柩，古称"瑰绋"或"执引"。其他孝子男扶丧轿左，女扶丧轿右，徐徐前行。

送行的灵柩队伍前边由死者的幼子或长孙打着引魂幡，边走边撒纸钱，传统的说法是向鬼神买路。次后为"香器桌子"，上放死者遗像或牌位，后面紧跟着乐人和丧轿。丧轿的后面是扛举铭旌、祭器、彩旗的仪仗队。遇到十字路口，要烧化纸钱，名为"祭路"，据说是因为死者路过惊动了十方鬼神，因此，烧钱安抚这些鬼神。在乡亲朋友的帮助下，在孝子的一路恸哭声中，灵柩终于被送到了墓地，此时"贺礼生"将棺材上的被子卸去，同时安排孝男孝女跪在墓穴两侧等着下葬。

下葬的时候，首先由众位乡亲帮忙用棕绳拽着棺材的四个角徐徐把棺材放入墓穴的坑道中，等到四平八稳、棺材对准墓穴洞口之后，棺材上最后覆盖一层由讨妻者群体送的黑布被拿了下来。灵柩下去之后，先要在上面轻轻覆盖一层薄土，再由媳妇把从墓洞中扫出来的土撒在上面。此时，直系亲属们每人各抓一把泥土扔到灵柩上，此为"添土"。"添土"之后，死者的长子进入墓穴下面，首先擦干净棺木，然后进入墓穴的窑洞中，最后一次替亲人看看他们死后居住的地方有无不妥，然后上来。由众位乡亲帮忙把棺材推进墓穴洞中，然后还要在棺材上面放一块墓砖，上写死者生卒年月日。同时在棺材左侧，用一红布袋，内装五谷杂粮，放在一个玻璃瓶中，俗称"五谷罐罐"，本意是"粮仓"，即死者在死后也不缺吃的；右侧放一红木匣子，内装冥币，俗称"钱柜柜"，本意是"钱库"。"左仓右库"的意思是死者在阴间不愁吃喝。棺材上还要摆上烟袋、茶具，旁边摆放陪葬的各色纸活、摇钱树、金童玉女、竹弓羽箭等，墓内部的小窑台上还要放置和点燃"长明灯"。这一切安排妥当之后，再由两三个乡亲开始用砖头封墓窑口，快封到墓窑口顶时，留下几块砖头不封，此时，外甥、女婿必须走到孝子队伍前面来，给封墓的乡亲一些钱，否则这些乡亲不会封墓，这叫"买口钱"。给"买口钱"的过程实质是帮忙的乡村戏耍死者亲属的过程，而这种戏耍的对象，则是死者的讨妻者群体。等到戏耍玩结，帮忙的乡亲要把一些香纸点着，放进墓窑，再泼一勺清油。此时，墓内的油灯所燃的气体和香纸的气，袅袅飘旋，封墓窑口的人把口顶封严封实，里面的雾气就不会外散，称为聚脉气。

等到封窑口的乡亲上来之后，长子开始从墓道的四个角落扔土，一个角落扔一铁锨土。在长子扔完四铁锨土之后，所有送葬的乡亲才开始拿铁锨拆土埋坟，直到埋好坟冢。边堆坟冢，边要把坟顶插的引魂杆往上拔一节。待坟堆埋好后，按照次序在坟前排列好纸活，摆好献饭。众孝子点纸后，将神牌和纸活点燃，直到烧为灰烬，再把所端的献饭撒在坟园，众人方可返回。众孝子要到附近的祖坟上祭祖烧纸钱。参加送葬下葬的人，返回到主人家大门前时，早有人在门前点燃一堆火。所有送葬的人，都要从火堆上燎过，意为邪气被火燎却，没有秽邪跟随回来。

仪式结束之后，所有人都从墓地返回。此时丧家要以酒席招待亲戚、关系户和乡朋，感谢他们的盛情帮助，此一行动被称为"谢孝"或"谢客"。谢客的席面一般是"八碗一品"或"十三花碟子"，席间，孝子还要亲自给众乡亲叩头，叩头完之后还要一桌一桌敬酒。吃完饭之后，孝子还要再到坟上去看看、培培土，意思是让父母安心走吧。

葬礼结束之后接连三晚上还要请人"打怕"，就是说死者才到阴间，一个人会害怕，然后请人专门去陪陪他。这事一般是三个人去做，一般两个是子侄辈的，一个是外姓人。子侄辈的要提一笼麦草，再带些纸钱，外姓人要拿着一个铜制的小锣，边走边敲。到达坟墓之后，三个人先把纸钱和麦草在坟墓前面烧掉，然后从墓堆左绕三圈、右绕三圈，子侄辈的口中要念下面的话语："左三下、右三下，你娃给你打怕怕，是狼是虎不怕它。"意为死者刚到一个陌生的地方，很害怕，他们来给死者作伴壮胆。第一夜这个仪式在坟墓举行，第二夜就换在去坟墓的半路上举行，第三夜就直接在村口举行。意思是死者已经慢慢习惯了陌生的环境，不再需要人陪伴了。去"打怕"的路上，"打怕"的三个人遇见村人不能说话，不能随便乱动，只能一心往前看、往前走。回来的路上几个人同样不能说话，不能回头看。村人说如果他们一说话和回头看，死者的魂就会跟着回来。"打怕"之人回来时，女孝子就等在大门口，然后一同哭到灵位前。

亡人被葬后三天，由孝子端上香纸和献饭，到坟上祭奠后，给坟冢上撒些五谷杂粮，再由孝子每人给坟冢培三锨土，然后在坟院周围走三圈，叫"嚷院"，即"攒三"。"攒三"后，姑娘姐妹即可回婆家，儿孙即可外出了。然后就是"七七祭"、"百日祭"、"周年祭"。S村人在死者新丧之后，每隔七日，到坟上祭奠一次。"七七"的祭奠仪式比较简单，只是在坟墓前上香、化纸钱、上献饭。只有"五七"祭奠时亡者的女儿要赶回来参加，并要做一朵纸花献于坟上。俗传"五七"为亡者阴魂在阴间过阎王关，阎王一见纸花，亡者阴灵即可混过关去，以免挨打。逝者百天后祭奠，称"百日祭"。"百日祭"之后，就转入"周年祭"了。

一周年、二周年为孝子、亲戚共同祭奠。上坟时由孝子用盘子端上香裱和亡灵神牌，在坟上祭奠后，把神牌放在盘子里，取坟上一小土块放在盘子里，一边往回走一边叫亡灵回家，一直叫到家中祭祀的地方，把神牌、小土块放在纸活内。第二天傍晚时分，把纸活同神牌、小土块仍送到坟上，纸活同纸钱一并火化。三周年祭典最为隆重。之后，转入节令祭祖活动。

第三节 仪式与社会人的塑造

通过上面对丧葬仪式的描述可以看出仪式表演属于村落共有财产，在整个 S 村落人群结合过程中扮演重要角色。在这个过程中，仪式及仪式过程中的村落成员之间的交换关系共同塑造了社会人。在仪式举行过程中，仪式的每个环节都会塑造出神圣与世俗的界限，村落成员正是在不断的神圣与世俗的转换过程中体验到了互为一体的关系。另外，仪式表演需要仪式专家与村落内部的人们参与，仪式过程中村落成员及亲戚付出的劳务、送出的礼物，进而通过劳务与礼物达成的分享和债务都是塑造 S 村社会人的关键。

一、仪式过程对社会人的塑造

社会学及人类学最早探讨仪式的视角是分析古典的神话及其仪式，这些研究为后面社会学及人类学分析仪式的宗教渊源及社会行为奠定了坚实的基础。然而，因这种分析视角具有的进化论色彩从而在社会学及人类学内部日渐式微，学者们开始讨论仪式与宗教的关系及仪式所具有的社会功能。这种研究的开创者当属于涂尔干。而后来的莫斯、克劳德·列维·斯特劳斯、利奇、特纳等也都从这个角度解析仪式，从而使得仪式的分析具有了更多的社会学色彩。

涂尔干在《宗教生活的基本形式》一书中认为，宗教可以分为两个基本范畴：信仰和仪式。仪式属于信仰的物质形式和行为模式，信仰则属于主张和见解。他还认为世界可划分为两大领域：神圣与世俗。人们的日常生活属于世俗领域，然而人们需要借助消极仪式抛弃世俗生活，从而改变人们的生活状况。[1] 马林诺夫斯更认为仪式是为了满足人们的基本需求而存在的。对于 S 村民众来说，丧葬仪式就起到了这样的作用。

S 村的丧葬仪式属于一种周期性出现的积极仪式，这种仪式的最大功能在于能够使得全体村落成员共同聚集在一起。村落成员日常生活中经常忙于个人事务，要为个体及家庭的生计而奔波，从而会疏于与村落其他成员的交流。而丧葬仪式提供了这样的一种功能，它把村落成员聚集起来，促使个体与个体之间更加接近。面对着生与死的分离，村落成员想到的是共同的信仰、共同的村落传统、对于自己祖先及亲人的怀念等。这些都属于社会性的事务，此时社会在个体的意识中显现出来，社会支配并引导了个体的行为，个体从丧葬仪式中了教益，这种教益包括个体生命的体验和感悟，由丧葬仪式这种

---

[1] [法]涂尔干：《宗教生活的基本形式》，载《20世纪西方宗教人类学文选》，金泽、宋立道、徐大建译，上海三联书店 1995 年版，第 63 页。

集体聚会带来的个体身上隐藏的社会性生命。这种社会性生命的出现是丧葬仪式这种神圣场合所带来的，它在村落成员日常的生活场景中很少出现。在此，村落社会重生了，个体身上的社会性也重生并得到了宣扬。在丧葬仪式这种场合，个体深刻感悟到相互之间的依赖和不能分离，这种依赖和不能分离就成为村落社会人形成的逻辑机理。

对 S 村的丧家和村落其他家户来说，一个成员死亡之后，无论是家庭还是村落都会感到人员减少了，他们通过丧葬仪式聚集起来抵制这种减少。人们面临的共同的死亡后果迫使村落成员聚集起来，希望通过相互亲近抵制这种死亡带来的阴影。在此，丧家把自己的痛苦带给了村落，村落对于其他成员也施加了这种悲伤的压力，使得他们休戚与共，这种休戚与共的情感心理使得他们愿意承担某种义务。对于村落其他成员来说，这种义务感的产生就是社会人产生的基础。通过三天的丧葬仪式过程，村落重新感觉到自己恢复了力量，个体重新又对生活产生了信心。经由此一过程，社会人就会产生。

S 村的丧葬仪式中不仅包括种种禁忌，比如孝子不能随便进入村落其他农户，比如老子严禁触碰某些东西，以免带来污染；他们必须身穿孝服，以表示他们在某段时间内是不能接触者；在某段时间内，丧家也不能举行任何的庆祝活动，以表示对于死者的哀悼。然而，这种消极的禁忌同时也伴随着积极的行动。比如对于怀孕的儿媳妇或者年龄很小的孙辈，他们可以通过在孝服上簪一条红布，避讳尸体带来的污染。比如村人可以在棺材路过自家门前时，在门口烧火或者用白色石灰划一条线，避免尸体路过带来的污染。再比如送葬的乡亲在仪式结束之后回到丧者家中，他们必须跳过一堆火，用火去除邪气。再比如死者亲属身上禁忌的解除，需要在死后第三天到坟墓去，经过"攒三"的仪式之后，他们才能重新与村人接触。这些丧葬仪式带来的消极行为与积极行为都表明了村落成员同属于一个共同体，他们之间相互分担丧者的死亡带来的悲伤、污染等。

在S村，丧葬仪式中的成服礼也是来自于社会的规定，这种丧服的穿着并非个体自愿，而是按照规定穿着的。人们根据五服观念界定自我的亲属关系。这种五服观念代表的亲属关系在丧葬中是以自我为中心，向父亲、母亲、配偶几个方向扩展。父亲方向的扩展首先是由自我向上推：父亲、祖父、曾祖父，也包括自我、父亲、祖父、曾祖父的兄弟及他们的后代；由自我向下推后代包括儿子、孙子、曾孙；由自我的兄弟的后代向下推两代，包括侄儿、侄孙。父亲的兄弟向下也推两代，包括叔父的儿子、叔父的孙子。祖父的兄弟向下也算三代，包括叔祖父、叔祖父的儿子、叔祖父的孙子。曾祖父的兄弟也向下算三代等。

父亲方面的亲属除了上述这些亲属关系之外，还包括出嫁的姑及姑的儿子、出嫁的妹妹及妹妹的儿子、出嫁的女儿、女婿及他们的儿子等。母亲方面的亲属包括母亲的父母（外祖父母）、母亲的兄弟（舅）、舅之子、母亲的姐妹（姨母）、母亲姐妹的孩子。妻方亲属仅包括妻子的父母。丧葬之中的这些亲属关系对于S村这样一个源自于共同祖先的村落来说，就已经界定了人群结合的方式和种类。S村的所有成员或多或少都具有某种亲戚关系，尽管这种亲戚关系随着时间的推移而变得有远有近，然而关系本身就是S村结群的重要方式。

在仪式所具有的功能方面，我们还可以看到，三天的仪式过程中不断地重复出现阿诺尔德·范热内普所讨论的"过渡礼仪"——分离、过渡、结合。同时也重复出现特纳所讨论的"阈限"。在S村，老人的死亡首先把死者的亲属与村人进行分离，他们身有重孝，不能随便接触村人，免得把死亡带来的污染传染给村人。三天的丧葬仪式过程是一个过渡，在这个过渡中，死者的亲属要通过各种各样的行为，既表明死者的死亡是不可避免的人生阶段，同时也表明自己因为丧失亲人的悲伤之情，更表明死者的死亡也是村落的损失等。在三天的过渡期限结束后，死者的亲属重新回到村人中间，过部分正常人的生活。然而，对于他们的禁忌依然没有解除，在服丧的三年期限内，他们生活中不能出现与喜庆有关的颜色、不能举行喜庆的活动等。只有等三年的服丧期限过去，他们才完全恢复正常人的生活。村落内部每家都会经过这样一个阶段，因为每个人都会经历生老病死的人生阶段。这种重复出现的过渡礼仪也把村落个体与村落群体紧密联结在一起，使得他们相互成为对方身上的一部分。

同时，S村的丧葬仪式通过各种各样的象征，隐含着S村人的人观及他们对于宇宙的看法，同时这中间也渗透了帝国的知识话语体系，这种知识话语体系就是华琛所为的"标准化"带给中国文化的影响。首先丧葬仪式中展演出了人们的孝道观念和行为。孝的产生基于血缘关系，它规定了亲属之间的权利和义务关系，主要体现为子女对父母的赡养和死后的丧祭。子女对于父母生要敬养，死要礼葬，祭须虔诚。这些权利和义务都是礼这一社会规范规定的，按照长幼、尊卑、内外、亲疏的原则，即按照"差序格局"的原则区分各自的权利义务关系，从而形成人群的血缘结群方式。从而也奠定了帝国几千年的统治样态。由此，孝道在丧葬仪式中的展演，既属于人之常情，同时也是帝国意识形态渗透的结果。其次，丧葬仪式中孝子、村落成员、亲属等通过各自的行为，也表达了他们对于灵魂不死与慎终追远的信仰。这种信仰与仪式既显示了社会的力量，同时也把个体内部的社会性激发了出来。同时，丧葬仪式也提供了教化与再生产功能。村落成员通过参与丧者的仪式，不断重复展演仪式及仪式中的象征与交换，从而不断塑造村落内部的其他个体，使他们产生某种期待，即自己的死亡也会采用此一模式。由此，传统被不断塑造出来，村落的人群结群也不断被塑造出来。S村的民众就是在这样一代又一代的仪式塑造过程中成为一个血缘与地缘的共同体。

而从仪式所具有的公共性考察村落的人群结合，我们可以看到S村的丧葬仪式既是S村民众的公共财产，同时是他们的公共需要，又是他们所有人的公共事务，同时也是仪式也成为他们的公共领域。丧葬仪式作为一套知识体系，村落中的个体并不能完全单独享有，而只有在群体之中它才能够存在。S村的成员都知晓丧葬仪式的程序和其意义，然而这种仪式并非具有排他性，人们在仪式之中分享共同的知识体系，比如对于灵魂不灭的信仰，对于亲人和祖先的怀念等。其次，丧葬仪式作为公共事务存在于S村。遇到丧葬仪式的场合，S村所有民众都要参与进去，甚至包括著者都曾经在仪式过程中承担某种角色，分享某种权利。再次，丧葬仪式也是村落的公共需要。丧家面临着失去亲人的痛苦，村落面临着失去成员而出现的空缺，这些都需要一个公共场合、一种仪式，形成某种神圣空间，在这个神圣空间中大家休戚与共，从而分享悲伤、苦痛，重新恢复个体及群体的活力。最后，仪式也成为哈贝马斯所言的公共领域。在这个领域当中，村落成员能够清楚地认识个体与群体的利益，清楚地认识村落的公共利益，并且能够利用这个公共场合以公共舆论的方式约束那些试图想越轨的村落个体。在S村重复举行的这种丧葬仪式中，村落每个个体都会出现一种自觉自愿为他的属性，这种自觉自愿为他的属性是一种长期博弈后的互惠的结果。S村丧葬仪式具有的公共属性的展现就是村落成员的结群，公共性是社会人结群方式的本质。

S村丧葬仪式提供的公共舆论的功能其实就是村落成员之间的沟通与交流。这种沟通与交流是个体在丧葬仪式的场景中进行的，具有特殊的情境性。比如丧葬仪式中人们的行为、穿着打扮等是有社会性规定的，个体并不能随意按照喜好穿着和行动。这种沟通和交流包括：①规定性交流。村落成员按照丧葬仪式提供的场景进行交流，比如人们相互分担悲伤、相互支持等。这些都是丧葬仪式提前规定好的，是无法更改的。而村落民众也乐于在这种场合向别人展示自己的悲伤与分担。②表现性交流。丧葬仪式中丧家通过举办丧葬仪式，向村落成员展现自己的孝道，同时村落成员通过参与丧家的仪式，向丧家展现自己的慷慨与同情。③伦理道德性交流。丧葬仪式既承担了某些伦理和道德功能，它的不断重复展演就是不断地把这些伦理和道德展示出来，教化村落成员。而村落成员也乐于在丧葬仪式这个场合公开交流这些伦理和道德基准，并且使用这些基准衡量丧家的为人处事。丧葬仪式的这种交流功能其本质是仪式所具有的公共领域性质的表征。

仪式也帮助 S 村人界定了群体的认同。任何历史的发生都离不开社群背景和社群中的人。S 村人借助村落不断重复展演的仪式从而界定自己与其他村落的边界关系，这种边界关系的确认通过 S 村民众不断把自己村落所具有的一些特征与其他村落（即他者）进行参照与对比而完成。正是通过不断地确认其他村落与自己的不同，从而 S 村民众树立了结群的观念。这种结群的观念不仅是通过仪式，而且通过仪式中共同的信仰、共同的知识、共同的祖先等。这些共同的东西已经成为他们的社会与历史记忆，镶嵌在他们的人生当中，永不磨灭。仪式中的一些特殊的象征符号，形成了 S 村人独特的社会认同，比如他们对"大婆"的崇拜与信仰。而对于"大婆"的崇拜与信仰只能由村落成员分享，其他人无法体会其中的文化价值，还会产生相反的体悟。由丧葬仪式等一系列仪式产生的这种群体认同和归属感，是 S 村社会人得以形成的另外一个仪式的根源。

二、仪式中的交换对社会人的塑造

（一）劳务交换

S村的丧葬仪式，全村落的人都要出席。男人被赋予正式的身份——"执事"，女人们则不会有正式的身份，只是做一些与饮食有关的事。这样，丧葬仪式就把村落所有人在一场仪式中牵涉了进来，使得人们有了劳务的互换，这其中包括仪式专家、执事头、其他"执事"的劳务。

整个仪式过程首先会请仪式专家。S村仪式专家只有一户，世代从事这一行业。因此，村人将其称为"百饭家"，意思是他是吃村落百家饭的。仪式专家只属于村落内部，其他村落不会认同这个村落的仪式专家。三天的仪式中，仪式专家会教给丧家哪道程序如何做才不会出错，在此时，仪式专家的意见是最受尊重的，也因此他会受到最高待遇。仪式结束后，仪式专家还会得到一个红包，作为酬劳。村人说这是收买仪式专家，让他在仪式的唱礼中，多多给小鬼说好话，让老人不至于受小鬼刁难。

另外，仪式中间，仪式专家必须用各种语言形式表达村落的传统，如唱、说、喊、念等。这种丧经是根据死者生前在村落中的地位和"乡性"，还有这个家户在村落中的地位和声望，由仪式专家随兴而编。

接下来请"执事头"和"执事"，由"执事头"来安排"执事"做事。一般"执事"做与丧葬仪式有关的所有的杂事，"执事头"要处理三天中发生的所有大小的事情。丧葬结束后，每位"执事"可以得到一盒烟、一块手巾作为谢意的表达。丧葬仪式开始后，"执事头"和"执事"都会给他们一个白纱戴在头上，不管他与死者关系远近。

除了这些之外，丧葬仪式中其他具体劳务将在下面按丧葬仪式顺序描述。

在丧葬仪式的第一天，仪式中的劳务涉及报丧与入殓。给远方的亲戚报丧必须是子侄辈的人去，本村的报丧是孝子出面。入殓前要给尸体穿衣和理发，穿衣由女儿来进行，儿子和亲戚都要在旁边。理发师傅也是村落内部的。入殓时，孝子把尸体从正屋抬出来，"执事"要在尸体上方遮盖黑布，不让尸体见到光。在此之前，棺材里面已经布置好了，纸钱往哪铺，灰往哪放，这都是在仪式专家指导下，由专门的"执事"来完成的。

第一天除了报丧和入殓之外，还有许多准备工作要做，比如压面、盘锅灶、烧水、洗碗等事情都是"执事"来做。

仪式的第二天，主要是灵堂的搭建和迎魂。灵堂的搭建和摆设涉及的是人们对于空间的看法，灵堂的搭建也是"执事"来完成的。灵堂中的每一样东西都会有专门的亲戚或者朋友送来。

仪式第三天送丧葬时，祭奠是在仪式专家指导下，子侄辈的人一个接一个行"奠酒"礼，如今村落内部关系户也开始行这种礼。在行"奠酒"礼的过程中，仪式专家要不停地唱着自编的表达村落和丧家特点的曲子。

"披红"是由给妻者群体进行的，这显现出在现实的婚姻交换中，给妻者是处于高等级的，只有他有权利给讨妻者群体一些奖赏。

打墓也是一个重要的环节。死者墓穴必须有村落的人来挖，挖墓的人是义务帮忙的，没有报酬，即使儿媳扫墓时给的"红包"也只象征性地给二十元。

（二）礼物交换

对于礼物在人们之间创造的联结与分享，莫斯在《论馈赠——传统社会的交换形式及其功能》中有着精到的研究。他认为在送礼的同时，就会产生三种义务，回礼的义务、送礼的义务和收礼的义务。人们不得不送礼，不得不收礼，不得不回礼，这些使人们不得不结盟，不得不联姻，不得不分享。

它是一种不断往来的交流状态。

S村丧葬仪式中的礼物也是如此。仪式每一个阶段，村落的人们不仅分享劳务、食物，也分享礼物。送礼的标准是根据亲戚、关系户、乡朋的分类标准送的。

丧葬仪式中大概会有两种形式的互动——礼物、劳务，二者本质相同，都是一种交换和互惠。礼物和劳务是仪式中最经常发生的，仪式中二者不易区分，在此只是类型划分。

表4-1　互动和关系在仪式中发生的频率

	礼物	劳务
亲戚	经常发生	一般存在
关系户	经常发生	经常发生
乡朋	有可能	有可能

首先，是亲戚的礼物。亲戚又分为姻亲和堂亲。姻亲分两种情况，讨妻者群体（死者是男性时，死者的女儿dD或妹妹dS）会送一些猪肉，一般是猪的后腿肉，数量多少没有具体规定，这种肉是为丧宴中用的。讨妻者群体还会送一种叫"白蛇钻天"的蟒纸，这是把很长的纸剪为外形像蟒蛇一样的礼物。纸的长度有规定，必须挂在门前的大树上一直垂到地面。作为给妻者（死者是女性时，死者的兄弟dB）一方要送灵堂前面摆的花饭（熟食由大米做成，买来的食品也行），这是送给死者阴间路上的干粮，最后在埋葬的时候会把它倒在坟头。生者绝不能食之。另外无论死者是男是女，寿衣都是女儿亲手缝制，在老人生前过寿时送的。讨妻者群体还要送小灵堂后面摆放的那个家屋。老人去世后，家里要准备一头猪，由孝子在仪式之前杀掉，以表示对来客的招待和对亡灵的孝道；而仪式中的"献羊"，则由侄子、侄女、女婿等群体带来献到灵前。

其他的联姻群体（dSWB、dMB 等）分别会送干果、食品、酒、布料、被面、挽联、挽帏、花圈、大银烛、白蜡烛、银纸、香条等。这些东西都要被吹手从离村很远的地方迎接回来，这叫"迎礼"，去时一个"执事"拿一个空木盘子，走在吹手前面，孝子跟在吹手后面。到了迎的地方，孝子会列成两队，吹手在旁边吹着曲子，仪式专家要指导孝子对来宾行礼，一般是三鞠躬，然后执事把联姻群体送的礼物放到盘子里，他仍然走在队伍前面，吹手在中间，孝子和送礼的人走在队伍后面，这是联姻群体的礼物。

堂亲在仪式中间除了各种劳务之外，还要给起丧家一些食物和金钱上的资助，食物资助最常见是小麦，丧家把小麦磨成面粉，再做成面条，用来在丧宴中招待来宾。另外还有中午吃的馒头和菜，也是由堂亲提供。丧葬的最后一天，全村人都要一起参与丧家的丧宴，分享食物和悲伤。

其次是关系户的礼物。因为关系户是在世系群内部的，为了彰显自己和丧家关系的紧密，一般关系户的礼物也会送得很重。关系户包括死者生前的关系户和死者后代的关系户。这就会有两重关系在里面，既有死者，也有生者。这些行动的单位都是家户，而不是个人。尽管可能礼单上的名字写的是个体的名字，然而个体仅仅是家户的代表而已。他的礼物是这一家户对丧家的一种安慰和哀悼的象征。

仪式中关系户的礼物等级大致和其他的姻亲群体相同，以前这些礼物都不能是金钱，只能是实物，然而今天可以使用金钱了。由后面附录中的礼单名录我们可以看出，许多关系户就直接送的金钱。然而，所有联姻群体一定不能送钱，只能送礼物，这是不能被商品化的一部分。另外，在丧葬中，姻亲群体是没有劳务的义务的，关系户却不行，他必须负担许多重要的劳务。关系户可以送花圈和小灵堂阁楼两边的日用品。

乡朋的礼物就送得比较随便。大家都是在世系群内随礼，今天 S 村乡朋随礼一般是 10 元钱。

市场对村落人群结合的影响越来越大。首先，在村落里面礼物的选择和如何送越来越讲究。联姻群体送的花圈、白蛇钻天等以前是自己亲手做的，而现在是从市场上购买的。以前联姻群体送的"幛子"都是土布的，现在则是用买的被面和布料替代。礼盘花饭中的干果以前是自己油炸的食品，现在也是在大街上买炸好的。礼物中原来不能商品化的，今天许多都已经慢慢被商品化。

著者在田野时得到一张礼单，从中可以看出人们如何送礼以及三类关系对人们送礼的影响。由于其他原因，一共四大张黄纸的礼单，最后只找到其中一张。丧葬中间礼单用纸必须是黄纸，而不能是红纸或其他。根据当事人的判断和丧家主事人的分类，按三种关系分类，得到表 4-2。[1]

表 4-2　亲戚、乡朋、关系户分类表

亲　　戚	关系户	乡　　朋
尤小俊、王东印、刘超、海四广、高传其、尤艳艳、武敏利、武九年、武敏侠、魏程程、胡密芳、高愿生、苏胡性	D 洒利、D 立汉、海康利、D 广年、D 俊汉、D 平汉、D 志宏、二砖厂、寇永红、寇红思、潘平长、艳荣、D 腊香、胡永平	D 东峰、D 连社、D 刚毅、D 二黑、D 西昌、毛福义、D 安婷、D 冬香、D 来锁、D 昌、赵少东、D 军昌、D 银红、D 朋轩、D 通汉、高亚利、D 旭选、D 举魁

"馈赠行为在给予者和接受者之间建立起一种双重关系，一是认同和团结，因为给予者和接受者一道分享他的所有；二是等级，因为接受者一旦接受了别人的馈赠便负债于给予者，在他没有偿还这份馈赠之前便处于对对方的一种依附状态；如果他一直未能回赠，那么这一状态就会固定下来……馈赠就可以使双方距离更近，但在社会意义上却使双方距离疏远，因为它使一

---

[1]　完整的礼单见于书后附录。

方负于另一方。"[1] 这是莫里斯·戈德里尔对礼物的精到分析，这种分析在今天依然适合。

在礼物中间会有两种现象，一是通过礼物人们之间可以分享某些东西，比如人们之间的悲伤，二是礼物也是一种债务，这种债务其实是社会强加给他们的。这种分享是一种人与物的关系，它表现为债务的形式，源自于 S 村落社会而非物品或者物品的主人，它把个体和群体紧密联系在一起。

这种分享事实上有两种，一是仪式中人与物的关系。人们通过物质东西的付出祈求死者保佑自己、家人和村落。二是仪式中人与人的关系。生者通过礼物表达自己和丧家的关系好坏、联系紧密程度，人们会通过这个时机扩大自己的关系网。

通过分享，我们看到这其实是一种社会人的结合方式。由于负有人情及债务，使得人们之间相互不可分离，也表达了人们的感情和同情。如果接受者没有在下一次回馈送礼者，那么这种债务使得它在日常生活中处处表现得要与送礼者拉近关系。S 村人经常的一句话是：莫要欠人情债。

第四节　交换、分享与社会结群

S 村的礼物与劳务本质是一种赠人之物，这种赠人之物既把 S 村所有人团结在一起，同时也获取了丧家个体对于村落其他个体的一种感激。赠予者把自己拥有的礼物与劳务与接受者即丧家在仪式过程中分享了，这种分享使得

---

[1]　[法] 莫斯：《论馈赠——传统社会的交换形式及其功能》（中文版序），卢汇泽，中央民族大学出版社 2002 年版，第 6 页。

赠予者处于阶序化的高位，而接受者则处于阶序化的低位。村落内部的礼物与劳务的分享把个体之间、个体与群体的这种阶序等级合法化，从而再生产了村落及其社会人。

S村的这种礼物与劳务的赠予本身可以分为两种形式，一种是非竞争性的礼物与劳务。这种非竞争性的礼物与劳务是所有人暂时放弃了礼物与劳务的所有权，转让了使用权。而接受者则暂时拥有了使用权，而没有所有权。由此，礼物与劳务的分享就成为村落内部个体与个体之间的债务，这种债务的存在是永久的，即使接受者在下一次的丧葬仪式过程中回赠了同样的礼物和劳务，然而这种回赠并没有取消双方之间的返还和偿还的义务。礼物与劳务在丧葬仪式中的分享形成了双方甚至多方的相互负债和相互依赖。S村的礼物与劳务的赠予并不简单是在一种循环过程中处置个体拥有的物及劳务的机制，以此确保这些物在村落内部个体之间的分配；它更是一种村落内部关系的生产与再生产的机制，这些关系共同构成了S村，并且确定了个体与个体之间和个体与群体之间形成的纽带。

另外一种是竞争性的礼物赠予。这种礼物赠予表现在村落内部的个体在每个丧葬仪式的场合中都努力表现自己的慷慨，即把仪式举办得让所有村落成员都满意。这种满意本质上是竞争性的，有着炫耀的性质。比如丧葬仪式过程中给丧家儿媳妇的披红仪式，这本质就是对村落内部其他成员的一种炫耀。披红并不是所有的媳妇都能够获得的特殊性待遇，它只有在村落内部那些获得了其他成员的高度评价，认为这个媳妇真正履行了孝道的义务条件下才能由村人给予。另外，村落每户在举办丧葬仪式时，都希望把它办得奢华一些。即使条件再差，丧葬仪式及其结束之后的宴席也必须尽自己的最大努力，哪怕借债都要办好。而宴席之中所有成员吃得少，糟蹋得多。而丧家对于这种糟蹋并不觉得珍惜，反而觉得这是自己的面子。这种行为具有典型的"夸富宴"性质。丧家通过浪费与挥霍表明自己对于长辈尽了孝道，对于村落成员尽了自己的义务。如果下次其他丧家的丧葬仪式中的宴席没有自己办得好，他就会从中获得一种满足感，这种满足感把自己在阶序中的低位变成高位，而把其他丧家的高位变成低位，从而以这种方式提升自己及家庭的社会等级。而其他丧家如果没有办得比上家好或者至少与上家等同，他就会在村落中丢脸、丢份子，从而永远活在村人的议论当中。

S村的这种仪式中的礼物与劳务的分享与赠予，无论是竞争性的还是非竞争性的，在某种意义上都是整体性的。因为它既涉及村落内部所有成员，又涉及村落内部的公共舆论、道德判断、理念信仰、审美伦理等各种现象，显示着社会整体的各个方面，它把塑造着村落的各个群体包括家庭、五服的亲属、整个村落全都卷入其中。在这一过程中，个体既具有了群体在自身的投射，群体也把个体连接起来，形成一种整体。

在S村，礼物及劳务的交换与分享也呈现出了多组二元对立的象征，比如：讨妻者群体VS给妻者群体、男人VS女人、异VS己、生VS死、我群VS他群、猪VS羊、物VS人、工作VS休息、夏天VS冬天等，期间的对立与转换，建立或者重新确定群体的关系及认同。由此，我们可以看出S村民众对于物的多重认知、物的外在客体性/内在象征性及物的可异化/不可异化性等性质，及讨妻者群体/给妻者群体之间的阶序高位与低位关系，正是这些相互对立、矛盾在丧葬仪式过程中的不断转换与转化，从而形成了S村的社会人的结群方式。

S村民众由于丧葬仪式中的礼物与劳务的分享、债务关系而形成的这种结合方式，就像是今天的股份公司一样。股东把自己的钱存入到公司中，到一定时候领取股息，本金与股息把公司与股东结合起来。村落内部的分享、债务的结合方式与股份公司把股东结合起来的方式不同的是，它的回报是可预期的、稳定的，不会发生破产，也就是说个体通过礼物与劳务把自己的一部分以相当于存款的方式储存在世系群内部的其他家户中间，等到一定时间，储存的这部分会以本金或者本金加利息的形式，直接或间接返还给原有的家户。

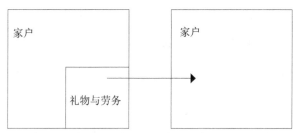

图4-1　丧葬仪式中礼物与劳务从家户到家户的流动（流出阶段）[1]

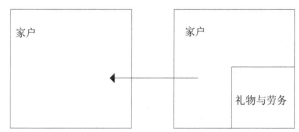

图4-2　丧葬仪式中礼物与劳务从家户到家户的流动（流入阶段）

图4-3　丧葬与祭祀仪式中礼物与劳务从家户到村落群体的流动（流出阶段）

---

[1]　此图是受魏捷兹老师的《澎湖群岛的村庙公司与人观》一文中的图式启发而来，在此深表谢意。

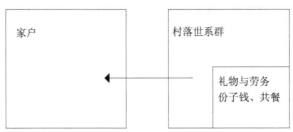

图 4-4　丧葬与祭祀仪式中礼物与劳务从家户到村落群体的流动（流入阶段）

通过这种形式，S 村村落内部人群的结合形成一种你中有我、我中有你的局面，每户都有其他家户的一部分。而且尽管有商品化影响，但是其中的劳务和姻亲群体的礼物仍然不能被商品化。

在流出阶段，人们付出自己的礼物与劳务，与他人分享，他们不会担心自己在流入阶段得不到回报，因为这种方式是和当地地理位置和社会结构紧密关联的。如果流出阶段某一家户付出了，而受礼家户没有在下一次流入阶段还礼，村落内部会对这种不符合传统的行为施以惩治，这种惩治是通过在仪式中采取某些方式进行的，这种惩治手段是村落内部保证自己的宇宙观和社会人通过两个阶段不断再生产出来。

第五章
突破与规治

　　S村的这种社会人的结群方式并不是变动不居的，它也时刻受到外来因素的影响及村民自身试图突破这种社会的生产与再生产方式的束缚。S村并非孤立地生活在孤岛之上，相反它时刻处于内外的压力当中。这种压力既包括国家的权力、市场因素等外来因素的影响，同时这种结群方式也受到了村落内部个体的不断反抗与越轨，他们试图以个体的努力，突破村落对于自身的束缚，从而实现另外的结群方式。而截至目前，在S村，另外的结群方式尽管已经出现，却依然受到村落原有结群方式的压制。这一点，我们可以通过下面一节有关村民突破行为及村落对这种行为的压制展现出来。

第一节　个体突破及村落规治

　　S村的丧葬仪式中，个体与个体、个体与群体、家户与家户、家户与村落的经由礼物与劳务的分享与赠予而构成的相互负有债务的这样一种结群方式是通过村落内部的各种仪式不断再生产出来的。仪式及仪式中的礼物与劳务的赠予担负了社会人的养成及制裁功能。通过仪式，村落个体不断接受群体的价值理念和行为规范，并通过仪式的操演把它内化为自身的价值与行为准则。

然而村落内部的这种个体与个体之间结群及村落的再生产机制和教化机制，是通过个体、家户、群体、村落在村落的各种仪式场合中不断实践而完成的，村落的价值理念与群体规范对个体、家户通过仪式展演进行教化，个体、家户又把这些价值理念和社会规范不断内化，通过这种方式规约村落的个体与家户。一旦村落内部的个体不再接受这种教化与内化机制，那么就会有个体试图在仪式中通过个性的方式，突破村落的这种价值理念和规范的约束，这种突破行为本质是一种个体对于群体的反动和反制。S村一直处在这样的矛盾运动中，并不断实现村落的生产和再生产。即村落试图规约个体，个体也不断试图突破这种规约。具体表现就是村落会对某些不接受教化和内化机制的个体在仪式过程中进行制裁和惩罚。这种制裁与惩罚典型表现在著者通过田野得到的下述规约与反规约、突破及压制的博弈行为过程中。

一、个 案 一

甲 [1]，时年 62 岁，S村民众中比较能写会算的文化人，住在S村八组。他的哥哥在县城一家事业单位工作。甲建国前受过私塾教育，因此，对于传统的对联诗文等旧体文书的写作比较拿手，在"文化大革命"之前的 1966 年读的当地的高中。他能自己编、写对联及骈体文章，在S村是村民眼中的能人。因为他既具有传统的文化底子，又在建国后读过高中，因此，S村中无论谁家

---

[1] 由于替当事人保密的原因，S村的个案著者一律以甲、乙、丙……序号代替。

过事，他都会被请来做占主官，并且记录礼单。在著者做田野调查的过程中，一次一个年青村民告诉著者他的一则事例让我觉得甲比较有意思。

某年春节，甲在自家门前的对联上写了一副对联，让S村的年青男人和女人都比较生气。原因是他的上联是"光棍光棍光"，下联是"寡妇寡妇寡"，横批是"光寡之村"。对联对得还是比较工整，而且他写的是那两年S村当中几个年轻人都没有娶到老婆，而村落当中也有几个年轻妇女死了丈夫，而没有再婚的事实。但村人对此不满意，尤其是S村的年轻小伙和姑娘。他们说他写这个对联是在诅咒他们男的都娶不到老婆，女的都嫁不出去，即使嫁出去也要做寡妇。从这则村人有关他的行事方式的描述中，可以看到村人对于他的恃才傲物一直深感不满。

1986年初，甲的老母亲去世了。

甲平常因为自己在村中比较有文化、有能力，而且自家还有亲人在县城里吃国家饭，这使得他在村中不大愿意和别人主动走动，村人平常议论时就经常带着酸味说"人家有本事，不愿意和我们来往，我们也不要主动去和人家来往"这样的话。村里的一些公共事务，除非请他，他绝不会主动去帮忙。S村人民众当着著者的面说他根本不像是S村人。

按照S村丧葬礼仪的程序，甲也在母亲年过60岁时替母亲准备好了应该准备的后事之物。在母亲咽气的当晚，首先他要做的是报丧。他也派人去报了，只不过他只给亲属报了丧，按照S村的规矩，他还应该亲自到村里各位乡亲登门请"执事"和"执事头"，给他们也报丧。另外，他还应该在母亲咽气的当晚，请四个生产小队的队长到家里来坐坐，算是给他们打招呼，请他们帮忙。然而，这些常规的程序他都没有做。甲想，他要新事新办，平常都是亲自登门打招呼，他今天请了专门的电影放映队，还请了秦腔戏班子和皮影戏班子在村里演出。有了这些戏班子的热闹场景，即使不给他们打招呼，他们也会知道自己家里有事。看到自己家里有事，他们应该主动到自己这里来帮忙，因为自己平常都帮他们了。

然而，因为甲平常的高傲态度已经让村人很不满，而在丧葬这种大是大非面前，他又不按照村里的规矩来，既不请"执事头"，也不请"执事"，更不给村人报丧。很多村民告诉著者，他们当时就想，你有你的活法，你按你的活法去活，我们有我们的活法，我们按我们的活法来。大路朝天，各走半边。因此，即使他放的电影、秦腔和皮影戏，村里的成年人都很少有人去看。村民告诉著者说，不看他们家的电影又不会少什么，看了只会觉得欠了他的人情。电影在村中放，秦腔在村中喝，皮影在村中演，这些没人看甲都没有注意到，因为丧葬过程中间他不能随意出入，作为孝子，他必须守在灵前。

然而，请挖墓的人时，人数却怎么也凑不够"八仙"的数目，按照常理，凑不足八仙数目，不能开挖的。一旦开挖，会让自己母亲死都死不安宁的。甲这时开始着急，丧葬仪式一般是三天，三天后老人家一定要入土为安的，墓都没有人帮忙挖怎么入土为安呢？此时，他有点后悔当时没有给村人报丧，没有请四个生产小队队长到家里来坐坐了。后来，他告诉著者说他以为自己在村中人缘不错，因为经常帮村人动笔杆子，帮了他们不少忙，没想到村人这么不给他脸面，在关键时刻"拿"（整）他。尽管他有这样的想法，但是，丧葬仪式还得继续进行下去，俗话说死者为大，一切都要以死者的事情为重心。此时，他没有别的办法，只有硬着头皮，厚着脸皮，放下架子，开始到四个生产小队的队长家中去，给四个小队的队长"回话"（当地方言：道歉）。

这些队长异口同声告诉他，作为丧家，你应该主动给我们和村人打招呼报丧请执事，不打招呼、不报丧、不请执事不符合村里规矩，而且你平常应该主动帮村里和村人一些小忙，和他们多来往多沟通，不要总是觉得自己有本事，拿架子，不愿意和村人来往。你妈在村里为人好，既然你已经来了，我们就帮你把村里的人叫一下。另外，你还应该找一个村中辈分高的老人陪你到村中每一户家中去重新报丧，请执事和执事头，给他们回个话，事情就可以继续往前走了。

甲就穿着重孝，专门请了一个村中的老人一起，挨家挨户到村人家去磕头谢罪。因为他有重孝，不能随便进入村人家里，他只能在村人门外给村人磕头。每到一家门口，老人进入村人家里，和村人说甲知道自己做事有问题，大家低头不见抬头见，乡里乡亲的，不要记仇，帮帮他吧。经过这一过程，村人才开始有人出面帮助挖墓，请了执事之后，家里的丧葬仪式也顺利地进行下去了，三天后也顺利地把老母亲埋葬了。

经过此一事件的教训，甲再也不像以前那样孤傲，村人有事就主动帮忙。尽管甲后来仍是觉得村人在那个时候整他，然而他也对著者承认，在村中谁都离不开谁，大家相互需要，因此，做人不要太过分。而村人则议论说村中无论谁家有事，都要去帮忙，否则就会落个像甲那样的下场。平常看起来没什么事情，可是关键时候，有了事情，没人帮你，你哭都来不及呢。不要以为自己有本事就可以在村中呼风唤雨，在村中你只是乡亲们眼中的普通一份子，没有任何值得特殊的地方，无论你什么人。

二、个 案 二

时间一晃过去了十几年，由于土地承包到户、中国开始实行市场经济了，一些资源开始由市场配置，此时，村里原来的人民公社和生产队早已解散，原来的生产大队改称村民委员会，生产小队改称为村民小组。S村的人们也开始八仙过海，各显神通，想着法子赚钱了。村中也有了一批先富起来的人。受到市场观念的影响，村里人们观念也逐渐开始转变。村里一些人开始感叹：现在是各人自扫门前雪，莫管他人瓦上霜的时代了，村里的公共事务没有人管了，世风日下了。

乙，弟兄两个，时年51岁，住在S村六组。乙以前是村中有名的懒汉，好吃懒做，并且喜欢赌博。由于赌博，妻子为此事跳井自杀了两次都被村人救了起来。他的大女儿曾经和著者是小学同学，当时著者的很多小学同学如果和乙闹矛盾，经常以此事取笑乙的大女儿。乙的弟弟在集体化的时候管过大队的合作社。后来在著者读初中时，乙承包了村集体企业的一家砖瓦厂，还把厂里的一个出纳当成自己的情人。因为当了老板，在村里对村人说话粗声大气，呼来喝去。而村里的丧葬仪式每次来请他当执事帮忙，他都很少去参加。村人告诉著者说，当时他可牛了，说他是老板，还帮你们抬棺材，真是掉价。

20世纪90年代中期的一个仲夏，乙的老父亲过世了。按S村人的做法是停尸三天，乙认为自己以前在村中抬不起头，被村人看不起，因此，这是个重新在村人面前抬起头的好机会。毕竟他先富起来了，有钱了，想做什么就做什么。他打破了S村的规矩，停尸七天。因为当时已经是仲夏，天气开始变热起来，尸体没有办法放置那么长的时间。他就专门从县城的一家冷库买来冰块，围放在尸体周围。除了这些之外，还请了三个秦腔戏班子和电影放映队每天连续不间断地唱戏和放电影。

村人觉得把尸体在村中停放七天已经给村人带来了很多问题，比如村人出来进去都不方便，毕竟是丧事。而乙又是这种做派，更让村人反感。村人告诉著者说乙当时是钱多烧得慌。尽管当时村人认为乙的做法不合村里规矩，因为他请执事了，尊重了村人，村人仍然去给他帮忙。然而，这种帮忙完全是看在他是老板的面子上，村人告诉著者说给他帮忙是因为想让自己的孩子去他承包的企业里做工赚点钱。但是村人内心根本还是看不起他的，觉得他是暴发户。而且他又从外面给砖瓦厂招了一个女出纳，还整天不管自己老婆孩子，却在村里和这个女出纳出双入对。村人告诉著者说他也不和老婆离婚，和那个女秘书也不登记结婚，整天混在一起，"胡成精"（乱搞），村里的风气完全被他搞坏了。

丧事过程中，他对来帮忙的乡亲也呼来喝去。村人本来就不满意他停尸七天、破坏村里风气的做法，在仪式中他对帮忙的乡亲态度又是如此。当时村人就私下议论说有几个钱有什么了不起，没有我们帮忙看你怎么埋你爸，他怎么是这样一个"货"（当地骂人的话，意思是这人不是人，而是个烂东西）。

七天过去了，在这七天当中，他觉得用钱在村里争足了脸面。到了第七天要埋葬，奠灵之后要起灵时，按规矩起灵之后，灵柩不能落地的。此时，四个世系群的年轻小伙都来帮忙抬棺材，棺材刚抬出不远，这些年轻小伙不知怎么搞的，就把棺材直接放到地上，不走了。那些青年小伙一哄而散，找不到人了。一时之间，送葬的队伍卡在半道上，仪式没有办法继续进行了。

此时，弟兄俩傻眼了，还从来没有出过这种事情呢。灵柩落地本来已经对于死者很不好了，然后仪式还中断没法进行下去了。没办法，乙重新到村人家里，一家一家低声下气地去请他们帮忙，而乙的兄弟则出面请求村里辈分较高的老人出面帮助说好话，同时也请四个村民小组长出面帮忙。这样整整耽误了一中午的时间，使得丧葬仪式延误到了晚上才把灵柩埋葬到墓穴中。此事成了村中的一大笑话，长久不衰地在村中流传，同时这件事也成了村里公开的反面教材。

这件事情带给乙的教训太深刻了，这件事情之后他再也没有以前的那种嚣张气焰了。著者问他，他说再怎么样，不能在村人面前摆架子。不管怎么样，自己只是 S 村中的一员，只有和他们联系在一起，才是真正活自己人的地方，自己的价值也在这体现，明白这一点之后，乙兄弟两个对村落的大小公共事务积极参与，对村人的事都热心帮忙。乙也按照村人的要求，把那个出纳打发了，重新和家人一起过日子。

三、个 案 三

丙，时年48岁，个子瘦高，住在S村七组，他家里是七组最早在村中买拖拉机的家庭，"文化大革命"时家庭成分是地主，家庭条件比较好。丙的妻子（W）是以前生产大队支书的女儿，初中毕业后在村办小学教书，丙的小舅子（WB）也在这家村办小学教书，还教过著者，丙妻子的二婶（WFBW）还是村办小学的教导主任。那个年代，作为一名小学教师，每个月有固定的收入，教师的社会地位又非常高，又因为岳父（WF）以前的显赫背景，丙在村中算是有权有钱还有势的人家之一。

这些因素一起导致了丙在村中桀骜不驯，很少和村人来往，并且很瞧不起村人。日常生活中总是在一些小事情上和乡亲过不去，村里人当面不说他，背后总是骂他。村人说他"明显不是个'熊'（音song）"（村中骂人的话，意指这人不是好人）。他也自恃人高马大，家中有能力，不愿意和村人打交道，而且他和左邻右舍关系都不好，因为他和他们都打过架，著者问村人为什么打架，村人说都是些鸡毛蒜皮的小事，他想"耍威风"。著者也和他外甥是初中同学，他外甥初一就不想读了，但又怕舅舅知道骂他。当时著者和他外甥关系比较好，他外甥把著者的期末成绩单拿去改了名字，然后给他舅舅看。过了大约半年时间，丙知道外甥不读了，然后特别生气，他不去责怪他外甥，反而认为是著者把他外甥带坏了，一次著者从学校回家，他直接在路上挡住著者，责骂了著者一顿，还打了著者一耳光。另外，他的左邻居家里没有男孩，而左邻居是县城一家企业的普通工人。他就经常欺负左邻居，说他断子绝孙的，经常站在房顶骂左邻居很难听的一些话。左邻居都不敢吭声，任由他欺负。村人说起他都摇头，认为他"乡性"不好，而他也懒得参与村落内部的丧葬仪式与其他公共活动。

2003年，丙的父亲过世了。老人生前育有五个子女，其他四个都是女儿，只有丙一个儿子，家中的事情因此都靠丙在操办。丙在丧葬这当头，还是遵守了S村的规矩，向村人报丧，请执事和执事头，也请了挖墓的"八仙"和村里的村民组长，在对待老人丧礼这件事情上他一件也没有落下。

丧葬仪式按照S村的常规进行了下去。停灵三天，在这三天中墓穴也已经挖好。就等奠酒之后，人们把棺材直接挨到土公墓中去，直接埋葬就完事了。

丙请来村中经常挖墓的八个人，这八个人不都是七组的，然而他们也都听说过丙在村中的劣迹。因为丙从来没有给村中其他人家帮过忙，"乡性"也不好，总是欺负众位乡亲，做事也不遵照道理，而是按照强力和权力。挖墓的人对于丙心中也是愤愤不平，总想找机会教训一下他，让他知吸取点教训。

丧葬仪式按照S村人的说法，本来就是"乱事"，如果"执事头"请不好，不会安排，那么人多手杂嘴杂，事情会过得更乱。丙今天请的"执事头"并非村中经常请的一些比较有社会地位和威望的人，而是他的相好，在村中社会地位和威望都不太高，对丧葬仪式的礼物也不是很懂行，丧葬仪式就显得特别乱。

丧葬仪式除了要安排打墓的之外，还要安排抬棺材的。挖墓的已经请好了，抬棺材的却一直安排不好，因为他经常欺负大家，没有人愿意帮他家抬。直到后来，四个村民小组长拉住一些人，硬要他们帮忙抬。这些人碍于面子，也就打算帮丙抬棺材了。

奠酒完毕要起灵了，才发现抬灵的乡亲特别少，而且跟在队伍后面准备帮忙埋的乡亲也不多。七组有许多人宁可站在自家门口，也不愿意去帮丙送葬。好不容易凑合着把棺材抬到塬上公墓里了，丙松了一口气，只要埋下去就万事大吉了。

　　四位乡亲帮着把棺材已经放入到墓穴的坑中去了，孝子也已经把墓穴里面的窑洞清扫过了，只等把棺材推进窑洞填土就可以了。此时，人们发现，棺材推不进窑洞，窑洞挖的口太小，根本没有办法把棺材推进去。此时，所有的孝子都傻眼了，这可怎么办，这也是Ｓ村中从来没有过的事情。挖墓的人怎么这么不负责任呢，给人家随便一挖就可以了？

　　此时，"贺礼生"停止了仪式的正常进行，因为仪式根本没有办法进行下去了，而埋葬的场面也大乱。围观的村人都在观望，想看丙的笑话。而此时，丙作为孝子，又不能亲自动手挖，只能请村人帮忙。而棺材既已到墓地，必须在日上三竿之前把棺材放入墓穴，这是规矩。当时这个执事头和"贺礼生"只能安排人把棺材重新从墓穴中拉上来，再让人下去重新挖，然后再放。不合适，就再挖。就这样折腾了两三次，耽搁了一上午的时间，才把老人放入墓穴，封了墓门，堆起坟堆。孝子们整整跪了一上午，哭了一上午。在老人没有安息之前，场面不能停，孝子们在"贺礼生"的指导下，同一个仪式整整做了一下午，而且被太阳晒得汗流浃背的。后来，村人告诉著者说死者女儿在爸爸的坟前哭得特别惨，因为老人死了死了还不得安生，还要再折腾来折腾去。

　　这件事在Ｓ村可是影响极大，村人说从来没有这种事呢，结果发生在丙身上了。谁让他平日乡性不好，不愿意给别人帮忙，平日种什么因，就得什么果。

四、个案四：现代性的影响

　　丁，今年53岁，住在七组，弟兄两个，哥哥原来在铜川煤矿做工人，因病早逝。哥哥家中只留下了嫂子（BW）和侄儿（BS）两人。丁是Ｓ村一能人，会电工，在村里最早买的小麦脱粒机帮村人夏收时脱粒。当时全村就他一人有这个机器，全村人排队到他家去借脱粒机。他把出租的价格定得很高，让村人很不满意。另外，丁的脾气和性格不是很好，日常生活中经常独来独往，不愿和村人打交道。自从S村有了村办集体企业，他就在集体企业中当电工，收入比较高，家庭条件比较好。唯一遗憾的是他没有儿子，只有两个女儿。

2005年，丁的母亲病逝。老人前两年得了老年痴呆症，生活不能自理。一家人开始对母亲还很好，然而久病床前无孝子，丁的妻子当天刚给公婆洗换的衣服，公婆刚穿到身上就不知怎么地把衣服搞得好像从粪堆里出来一样。时间长了，妻子也就不太管了。著者曾经于2004年暑假回家，看到老太太的孙女在街道上当众训老太太，老太太只是傻笑，村人在旁边看得直摇头。

陕西省尽管属于内陆地区，然而近些年，市场经济的影响越来越大。无论是什么事情，都开始出现了专业化的队伍。比如有专门帮搞婚礼庆典的，也有专门帮搞丧葬服务的，都是一条龙式的。以前许多不能被市场化的东西已经开始市场化，神圣都已经被市场的力量世俗化了。在这样的背景下，民众对于过去的传统已经不太尊重，因为其神圣性已经被市场去魅了，人们开始变得越来越世俗，包括S村最为神圣的祭祀和丧葬。

当然，这些一条龙式的服务是在S村外面开办的，在S村还没有人敢从事这些事情。著者问过村里人为什么外面村子的人能做，S村人不能做。他们回答著者说，在S村做这种事是寻着找骂呢。村子外面的人做了也就做了，与他们没有太大关系。但是S村人就是不能做。丧葬中打一孔墓价钱是300元人民币，但是抬和埋还必须是世系群的人。

著者田野时问过村人，那种一条龙服务式的丧葬服务队打一孔墓穴得多少钱？村人告诉著者最少300元。而且挖的墓穴还有等级，等级越高价钱越大。另外，还有专门的执事、专门的哭丧的，孝子们甚至都不用哭了，只要坐在旁边看着就行。说到这里，村人直摇头，说这世道都成什么了，对于父母的恩情都可以不要了。而最近几年，随着各种物价的上涨，村中由乡亲挖墓的花费也大了，以前不用给打墓的吃好烟，喝好酒，管好饭。现在不行了，村中挖墓的乡亲要吃好烟，喝好酒，还要管好饭。三天下来，给打墓的花费比市场化一条龙服务式的打墓花得要多。丁在当时可能算了一下经济账，认为请乡亲帮忙打墓麻烦而且要担人情，还费事费时费钱，不如请专门的市场化的队伍打墓，省事省时省钱。

丁的这种做法遭到了家人的反对。他们认为对于老人的最后一程，不能用经济账来衡量，因为这涉及尽孝道的问题。只有把老人埋得让家人满意，让村人满意，这个丧礼才算是成功的，他们也才算是尽了孝道。其次，丁的做法也被村人议论纷纷：丁赚钱了，都不用乡亲帮忙挖墓了，人家直接请人挖，而且也不用我们帮忙了。有些村人告诉著者说，你有钱可以请人挖，不找我们帮忙，不想欠我们人情，不想与我们有来往。那我们没钱的怎么办呢？我们还想请村人帮忙呢，你也太精了，把账算到这个程度，也"能"到了这个程度。

因为丁平常很少在各种仪式场合与众位乡亲进行礼物和劳务的互换与互惠，所以他能够请来帮忙"执事"的乡亲不是很多，丧事办得冷冷清清，当时他的妹妹就在旁边说他哥哥，怎么把母亲的丧事办成了这样。等到奠酒完毕，准备起灵抬棺时，四个世系群的人只来了两个系群的人。村人后来告诉著者说他们认为丁有钱，有钱能使鬼推磨，他可以请人抬棺材的，至于村民，他们要去赚钱太忙，根本没空。

丁家的丧葬仪式也是按照程序一步一步往下进行。他的教训和丙一样，都是把棺材抬到了墓穴之后，准备把棺材往墓穴放的时候，发现棺材推不进去。请来挖墓的那些人太粗心了，根本没有留心丁家做的这口棺材比市面上卖的棺材大，他们是按照市面上流行的棺材样式挖的墓，他们也以为丁的棺材是从市场买来的，不是自己做的。由此在仪式中出现了与丙同样的场景和遭遇。此时丁又羞又怒，当时就在坟地，不顾场合不顾身份扯着嗓子开始骂那些挖墓的人。因为孝子不能动手，只能跪在坟前。其他人看到丁此时的做派，目瞪口呆。

丁的嫂子此时出面了。作为一个女性，她在村里人缘比较好，年纪又比较大，平常在村里说话比较公道，村人还都比较喜欢她。丁的嫂子请请"执事头"出面，让村落内部那些挖墓的人帮忙重新把墓穴扩大一些。这样一直耽误了三个多小时，洞穴才重新挖好，棺材才能够入进去，老人也才能真正入土为安。人们事后议论纷纷：花钱都花不好，弄了个啥选样子，让自家老人跟着你丢人现眼的。把老人晾在坟地里，以为是什么好事情呢？唉！人心不古呀！

这件事情过后，丁在村里被人"指脊背"，说他花钱请人把事情都没有办好，真是丢人丢到家了。村中一些明白人告诉著者说，现在慢慢什么都开始商品化了，然而无论怎样，在 S 村，尤其是丧葬仪式中，用钱雇人这种事情至少还得过几十年人们的思想才可能出现变化。现在这种花钱雇人的方式，村落内部民众还是不能接受的，因为丧葬仪式在村人的心目中仍然是很神圣的。它不仅是埋葬老人，更是 S 村人进行社会人联结的过程。

第二节　村落规制的意义

通过上述几个典型个案，我们可以看到村落对于试图在外部与自身力量影响下越轨的个体的规训与惩罚。这种规则训与惩罚是个体在仪式中违反了村落原有的仪轨，村落民众仍然借由仪式渠道对这些越轨的个体进行的制裁与惩罚。

首先我们来分析一下几个个案：甲个案是甲自身具有一定特殊能力，即今天人们讨论很多的文化资本，他试图通过这些文化资本突破村落原有的仪轨，并且这种文化资本形式在大传统的村落内部也比较稀缺，所以他把个体人格投射在 S 村，他认为他帮了 S 村的民众许多忙，而 S 村的民众也应该回馈于他。但是他却没有考虑到自己日常的行为模式根本没有 S 村的集体人格的投射。甲与村落群体的互动只是单向的而非双向的，因此，在替母举丧的时候，甲才有如此举动，然而他对 S 村的社会人结群方式及其背后的规范反制未能成功。乙的个案是乙本身具有一定的经济资本，而乙也显然认识到了经济资本的功能。然而，因为他没有区分清楚村落内部的神圣与世俗的界限，在他看来，经济资本这种世俗化的东西能够消解神圣性的领域，把神圣的东西变得世俗化，所以，他试图以世俗超越神圣的努力也未能成功。乙的个案表明，虽然村落的人群结合开始受市场影响，人们意识到了金钱和工作的重要性，人们也开始屈服于金钱的商品的力量，然而在村落普通民众心中，金钱依然只是世俗的东西，丧葬仪式却是一个神圣的领域，世俗性的东西可以在神圣的领域中出现，但却不能由世俗性的东西左右神圣的领域，这也就是为什么乙最后会受到村落制裁的原因，村落对于乙的制裁表明市场的逻辑开始渗透到村落内部人们之间劳务和礼物的互换，但是我们发现市场的逻辑面对社会人逻辑时仍然避免不了失败。丙试图越轨的原因在于自己的家庭条件和妻子的权力与教育背景因素。这种经济资本、权力资本和教育资源的拥有使得丙具有了村人所说的"势"这样一种力量，这种"势"所代表的力量让村人倍加羡慕。权力能够垄断农民想要而得不到的资源，当时村人的读书也需要村办小学的照顾，尤其是教师对于自己孩子的照顾。这些都让丙感到自己有能力切断自己和村人在仪式中间的联结和结群。丙受到村落制裁的原因依然是他忽视了村落集体人格在自身的投射，而只想只为一种单向的投射，最终的结果依然是失败，也即"势"这种权力和资源的再生产逻辑仍然未能突破村落内部的社会人的结群方式。丁的个案则是丁自身具有很强的能力，这种个人的经济能力在市场经济的背景下取得了优势地位，比如他能够通过各种方式赚很多钱。而赚的钱则让丁在市场经济背景下在村落当中显得特别成功和活得特别有价值，用S村人的话说就是活得特别有奔头，有派头。然而，丁被村落制裁的原因则显示了S村内市场的结群逻辑与村落社会人的结群逻辑两种逻辑之间的冲突，在村落的现实生活中市场的力量所产生的影响尽管已经与村落的社会人结群逻辑可以抗衡，然而这种抗衡依然处于劣势，S村的社会人结群逻辑依然在有效运行。

S村的丧葬仪式所具有的公共性特征，使得这种仪式场合能够为解决"公地悲剧"和"集体行动的逻辑"提供有用的参考。所谓的"公地悲剧"是指"任何一位有头脑的牧人都认为增长财富的明智举措应该是不断往自己放养的一群牲畜中再添加上一头牲畜，一头又一头，永无止境。共同拥有一块牧场的所有精明的牧人都会得出这一相同的结论,这就为悲剧埋下了祸根。每个人都不顾一切地向着毁灭的厄运狂奔而去,因为整个社会都对群体所拥有的自由深信不疑,每个人都可以随心所欲地做最为有利可图的事情。群体中所拥有的自由毁了每一个人"[1]。这一悲剧和集体行动逻辑困境的实质是个人理性自利会引导他们以损害集体利益的方式行动。人类社会为了解决这一问题,提出了两种解决方案:一种是霍布斯的"利维坦(Leviathan)",即人们让渡他们的权力给国家,从而摆脱这一困境;另外一种是卢梭的"社会契约",即人们通过分散的、非强制的方式实现某种程度的合作,从而摆脱这一困境。

然而,这种摆脱困境的模式依然是一种外在的制约。这种外在的制约在著者看来,依然需要行动者个体通过内在的转化最终才能得以实现。就著者考察的村落来说,个体试图突破村落原有社会人结群方式在本质上是个体与群体的一种博弈,这种博弈是一种动态而非静态的过程。我们可以通过一个表格来分析这样一种动态博弈的过程。

表 5-1 村落个体与群体的博弈

村落群体　　村落个体	规　制	不规制
突破	屈服,维持秩序	突破,秩序混乱
不突破	遵守,秩序维持	遵守,秩序良好

参与上述博弈的双方对于丧葬仪式程序的信息及其个体所具有的各种信息都有充分的了解,因为他们经常低头不见抬头见。在这样的情况下,博弈各方选择的最终结果是个体不越轨,群体也不压制。因为个体越轨要付出成本,而群体压制也要付出成本。在这一过程中,关键问题就是博弈双方对于博弈过程中的信息掌握问题。而在著者看来,这种信息掌握是试图越轨和反抗的

---

[1] [美]G·哈丁:《公地悲剧》,转引自[美]麦特·里德雷:《美德的起源》,中央编译出版社 2004 年版,第 258 页。

个体和村落的其他个体全部知晓的。在这种情况下，防止集体行动的悲剧和公共资源的悲剧需要两种办法：一种是在制度上建立某种中心化的权力机构，这种权力机构既可以是公共权力机构也可以是私人权力机构，这种权力机构的解决方式就是上述的霍布斯的"利维坦"。另外一种就是道德的约束，这种道德的约束是和非中心化的奖惩联系在一起的。

作为村落社会的 S 村，传统的价值观或者中心的权力机构是由长老或者士绅既代表帝国的意识形态也代表帝国的权力，尽管基层乡村在传统时代是相对自治的，缺少一个权力和价值观的中心。然而，大传统与小传统的关系并非那么简单。村落当中有了长老与士绅的存在，就相当于有了一个价值观的核心和权力的执行中心，由此 S 村的社会人结群方式能够得到再生产。在建国后，村落相对自治的方式被打断，村落成为权力执行的最小单位，成为总体性社会中的一个单子化的世界，然而此时村落社会人的结群方式依然有效运行，因为没有长老与士绅，但是行政权力中心替代了价值观的中心，而传统的价值观在一定程度上还在延续。再加上村落已有的道德伦理的调节，村落就会以共同体的方式继续存在下去。这种既有权力中心又有道德机构调节个体与群体的关系，二者形成合作是可能的。然而，要维持群体的永远合作，道德调节就成为关键。在 S 村，民众经常通过丧葬仪式调节个体与群体的关系是因为丧葬仪式本身就具有深刻的伦理和道德意涵。正是在个体与群体不断地突破与压制的博弈过程中，道德（孝、礼尚往来、相互不欠人情债）、权力（礼、群体的压制）、长久契约（低头见抬头见）诸多因素都共同起作用，从而维持了 S 村的社会人的结群方式。

S 村丧葬仪式中，村落共同体通过仪式、礼物、劳务以及对越轨行为惩治的综合图式表明了，村落内部通过礼物、劳务的共享以及由此建构的债务，所形成的"社会人"的人群结合方式对村落共同体连续性具有维护和保持作用。人们在村落共同体的仪式中形成的"你中有我，我中有你"的"社会人"连接方式，既确认又加强了村落共同体的社会人的结群方式，这种确认和加强是通过对越轨行为的惩治表现出来的。村落社会内部人群的结合就是在这种不断的越轨冲突，与村落共同体对其进行"内部转换"的过程中达成维系与运行的。

等到改革开放之后，国家行政权力从乡村逐步退出之时，我们才发现，经过几十年的权力和无神论等意识形态在乡村的统治与侵蚀，乡村的传统价值观已经开始逐步出现了瓦解的迹象。再加上市场经济把一切神圣的领域使用金钱世俗化，从而更加加重了这种瓦解的迹象。这种瓦解的迹象表现在上述个案当中，即 S 村现有的社会人结群方式与市场的结群方式之间的博弈。

社会人结群逻辑与市场结群逻辑博弈的过程也是当前中国个体主义逐渐兴起的过程。当前中国的这种个体主义潮流试图通过强调个人自由、自我支配、自我控制、不接受外来约束的行为方式和价值理念，打破村落原有的通过仪式中的礼物与劳务的互换与互惠而形成的村落群体的行为模式和价值观。在著者田野的这段时期，在 S 村至少二者还在不断地博弈，然而市场的结群逻辑已经逐渐开始占据上风，这从 2000 年之后村落的两例个案就可以看出。个体试图突破村落社会人的结群方式的次数越来越多，密度越来越高，方法和手段也越来越丰富。村落对于个体的制裁也逐渐显得越来越无力，在道德方面也不再占据制高点。

在欧洲，个体主义的兴起是伴随着基督教在欧洲的传播开始的。原始基督徒就是类似印度僧侣的出世苦行主义。他们在整体主义的社会中持守个体主义价值，但当时的这种个体主义是指向此世之外的。伴随着基督教在欧洲大陆掌握了教权，从而对欧洲社会产生了巨大的影响。这种影响最初从家庭的婚姻开始，继而围绕着家庭的继承权、女性在家庭中的权利等展开，从而最终形成了今天欧洲的个体主义形态，这种个体主义形态伴随着资本主义在全球的扩张而传播。然而，欧洲这种个体主义的存在有它兴起和发展壮大的历史根源和宗教因素，当前中国的个体主义只是一种随着资本主义生产方式的传播而发展的潮流，这种潮流在中国缺少了宗教信仰的支撑，从而使得当前的个体主义也是一种与欧洲个体主义完全不同的个体主义。伴随着这种与欧洲不同的个体主义在中国的传播，中国传统社会的公共性与欧洲社会的公共性都不再适合中国，未来中国社会能够具备何种公共性，这是值得学者们下一步继续深入思考的话题。同时这种与欧洲个体主义不同的个体主义思潮在中国的泛滥对于中国社会未来的影响到底如何，还值得学者们进一步深入观察与思考。

第六章
结论与讨论

第一节　社会人的实践

　　一般意义上看来，通过社会人类学的研究，我们知道仪式具有区分神圣与世俗、进行社会记忆、产生社会认同、再生产社会、实践某种信仰等功能，丧葬仪式也不例外。S村的丧葬仪式在实现村落内部个体与个体之间的结群，建立村落秩序，实现村落公共性的过程中起了重要作用。通过丧葬仪式的实践，村落共同体在哀悼死者的过程中，不仅弥补了因为死者的死亡留下的关系空缺，而且再生产了生者的各种社会关系。这种生产的各种社会关系的再生产既借由仪式，同时也借由仪式中人们的互动。S村的人民众借由参与这种仪式，使得村落原有的宇宙观得以再生产和延续，同时村落的公共性也得以在仪式的不断重复举行过程中得以再生产。

　　在实际的丧葬仪式过程中，仪式场合首先把村落所有个体卷入进来，使他们产生一种休戚与共感。正如涂尔干所说："人是由构成人类文明的各种精神财富所造就的，而这种文明又正是社会的产物。这一点同时也说明了礼仪为什么在所有不管什么宗教中都起主导作用。这是因为，社会只有在行动时才能使影响被人们所感知。也只有当构成社会的个人聚焦起来，采取共同行动时，社会才能是一种行动。正是由于这种共同行动，才能使社会意识到自己，并得以存在。社会首先是一种积极的协作。"[1] 正是在丧葬仪式这种公共场合，村落所有个体被卷入，他们在这个仪式中产生了集体行动，通过在集体当中，个体才能意识到群体，也才能意识到个体与群体的利益界限，也才能真正产生合作。在丧葬仪式过程中出现的这种个体与个体的博弈与合作，才是村落社会得以产生和运行的实际状态。S村的丧葬仪式体现出了S村民众的集体理想，正是这种集体生活把个体卷入进来，使个体感受到了超越于个体经验世界之上的需要，而且仪式同时也为个体提供了憧憬另外一个世界的方式。村落在建构自身的同时也建构了一个新的世界，这个新的世界就是社会人的结群方式及其产生的村落秩序和村落的公共性。

另外一方面，在仪式过程中，村落民众通过劳务、礼物的交换与互惠这种方式形成了事实上的共享与债务关系，这种共享与债务通过"竞争性送礼"与"非竞争性送礼"的方式，从而形成了个体与个体、个体与群体之间"你中有我，我中有你，相互包含，相互拥有"的社会人结合方式。在这种结群方式内部，村落民众之间的结合既是外在制约的，也是内化而成的；群体与个体是互动的，群体对个体产生作用，个体对群体也产生影响；个体身上有群体的镜像，也有自己在别人身上的投射。因此，著者试图透过丧葬仪式考察村落社会关系的再生产及再生产背后人们的这种结群方式。

---

[1] ［法］E·涂尔干：《宗教生活的初级形式》，林宗锦、彭守义译，中央民族大学出版社1999年版，第466页。

在 S 村，物质方面并不能与村落社会方面脱离开来讨论，因为丧葬仪式作为一种村落民众的实践具有本身的象征结构，这种象征结构把村落中的人与物的对立统合了起来，这种统合是一种意义的统合。丧葬仪式过程中的礼物与劳务并没有生命力，它们的特定意向和确定的结果只能与丧葬仪式这种场合联系起来才会显示出自己独特的意涵。S 村的民众确实生活在由物质世界所形成的包围中，生活在他与其他个体、其他生物有机体共享的环境中，然而他们的生活方式却非物质的，而是根据由他自己设定的意义图式来生活的。这种意义对于 S 村的民众个体来说，既是先验存在的，同时也是不断实践从而得到再生产的，这种再生产本质是一种人群结群方式的展演。

透过 S 村的丧葬仪式，人们可以管窥村落社区"社会人"结合方式的生成与运行过程之一斑。村落共同体为人们提供了活动的场域，当个体行动者进入这个"场域"时，这个行动者也就进入了一个不可回避的前提预设的范围之内。因为场域的本质在于"一种人为的社会构建，它是一个经历了一个漫长的自主化过程后才形成的产物"[1]。这个前提预设为行动者设定了活动的社会参照背景。这体现在 S 村丧葬仪式过程中，人们依靠血缘、地缘等关系所交织成的社会关系的网络上，也体现在人们在仪式过程中的礼物与劳务的共享与互换的过程中。此背景形成了运行于个体行动者身上的"惯习"力量。结果上表现为，面对着场域的客观力量，个体在行动过程中一方面表现出对场域力量的遵从，即一方面他是为结构所制约的。另一方面个体行动者又不断地在实践过程中生产出新的结构，这种新结构与旧有的认识力量与运行模式或者是契合的，或者是反叛的。

在 S 村丧葬仪式体过程中，人们在仪式中通过礼物和劳务的互换，经过

---

[1] 谢立中主编：《西方社会学名著提要》，江西人民出版社 1998 年版，第 613 页。

流出和流入两个阶段，不断地实践当地原有的价值观念。在实践的过程中，一方面在流出阶段，个体家户付出自己的礼物和劳务，使村落内部的他者的利益和愿望得到满足，他者可以借着丧葬仪式实现自己以往不能实现的东西，比如声望的提高、关系网的扩大、实际地位的提高等。另一方面在流入阶段，接受者必须把他以前的获得再交还出去，但不一定是交还给原来的给予者，而有可能的情况是他会给下一个，下一个再交还给下一个，如此循环往复，形成一种再生产。这种社会的、结构的再生产在 S 村是传统的，是人们一贯追求的，符合村落内部人们的终极价值标准。因此，直到今天它依然在良性有效地运行。

在 S 村尽管由于社区外部的冲击和内部个体的能动性力量开始展现，然而社会人的结群方式在 S 村仍然是很强的一种社会事实。虽然，在村落内部个体的行动中我们也会看到"越轨者"试图通过各种突破行为改变村落现有的社会人结群方式的实践，以及村落共同体因此对"越轨者"进行规训与惩罚的过程。但是，那种"你中有我，我中有你，相互包含，相互拥有"的社会人的同居共财关系依然是村落社会内部个体与个体、个体与村落连接的主要方式。它使得村里人把自己的终极价值放在村落共同体内。

然而，问题不能到此为止。在市场的力量越来越强大之际，在个体的能动性越来越主动之际，在村落原有的价值观在无神论意识形态及个体主义思潮的冲击之下，村落的这种社会人的结群方式还能维持多久？村落通过仪式过程中定期对于村落价值进行维护和加强的行为模式还能否继续存在下去？对于村落社区而言具有"叛逆"色彩的个体行为，在不断被村落规训与惩罚的背景中，是到此为止还是会继续出现？外部力量与内部个体的能动性的相互作用，能否改变 S 村村落内部个体与个体之间的这种社会人的结群方式？如果发生改变，村落群体的界限如何界定？村落个体的认同与归属感如何重新产生与界定？村落原有的这种宗教仪式还能否再有？套用一句最俗套的话来说：村民在两种结群逻辑的博弈过程中将"魂归何处"？这一切的疑问，只有随着时间的推移，在进一步的观察后才能得出结论。然而我们相信，在可见的未来，S村的社会人结群逻辑依然存在，它依然还将不断地与外部的市场力量与内部个体的越轨行为进行压制与突破的争斗。

我们还可以继续再思考。对于著者来说，S村的丧葬仪式不只是一个实践体系，而且同时也是一个价值与思想体系，它所表达的是农业文明夹杂着手工业文明时间界限分明的聚落的民众的一种理想。这种理想中包括所有村民生于这块土地、长于这块土地、终老于这块土地，土地成为他们魂牵梦萦的精神皈依，依附在这块土地之上的价值理念则是"孝"、"慎终追远"、"礼"等。然而，在市场力量与工业文明影响之下，这块土地已经不再具有神圣性，土地已经被意识形态塑造为落后与愚昧的象征，在这块土地上生活的民众也已经被污名化，农民已经不再成为理想的生活方式，村落中的民众也已经不再把土地看成自己的精神皈依，村落中年青一代已经开始向往城市生活，觉得城市生活才是自己生活的理想。而政治力量也在通过各种方式深刻地影响民众的观念，它们通过诸如"城市，让生活更美好"的这样的宣传口号，让民众去体验城市而放弃农村。在这种内外夹攻之下，我们可以肯定的是未来的S村，市场的结群逻辑肯定会战胜原有的依靠礼物与劳务的分享而结群的逻辑。

第二节　社会人与地方社会

通过本书的考察，我们分析了 S 村人社会人的形成、表现以及实践。这对于今天的中国区域社会乡村的研究有莫大的意义，首先，它可以使我们清楚认识今天的区域社会村落内部的人们如何结群。其次，用社会人考察人们结群，在理论方面可以为村落社会研究提供一个独特的、不同于以前的视角。我们既可以把 S 村视为关中区域社会的一份子、一个点，同时也可以把关中地区视为中国社会的一份子、一个点。通过对于这个点中的村落关系的深入考察，我们可以了解个体如何成为扩大的群体中的一员，群体如何由个体的日常生活的实践组成及在此基础之上建构的社会的动态图像。

在 S 村，社会人是通过仪式中的礼物与劳务的分享展现出来的。它不是物，而是以物表现出来的人与人之间的关系。这种关系的形成不是来自物品本身，也不是来自物品的主人，而是当地村落社会。可以说 S 村社会的再生产，是透过当地社会的礼物经济而非商品经济得以完成的。

在家户与家户、家户与村落之间的礼物与劳务的流动，是抽取每个家户的社会人价值的一部分，把它转换成其他人的一部分的一种表现。尽管著者把它比喻成股份公司的形式，然而它们之间在形式上相似，在本质是不同的。股份公司仅仅体现出实际利益，而社会人则是当地人群的一种价值观和人观的体现。

进而我们会发现许多学者所说的消解，是认为商品经济的逻辑已经完全瓦解了村落社会的结群方式，人们已经开始呈现为西方式的个体的、原子化的形态。然而通过 S 村丧葬仪式我们看到，礼物与劳务的分享在家户之间的流动在一定程度上阻隔了商品市场带来的冲击。当地村落的社会人在商品影响下并没有完全成为西方意义上的原子化个体。两种结群方式及社会的再生产逻辑还处于互动和博弈过程中，即使最终市场的逻辑战胜社会人的结群逻辑，然而我们就不能否认社会人结群的逻辑不存在。

就家户与家户的分享而言，这种设置在一定程度上抗拒或淡化了商品经济的逻辑以及它对村落人群结群的破坏。就这一意义而言，我们同时在丧葬仪式中也看到了礼物与商品在村落社会中的共存现象，以及礼物与商品之间到底对于我们来说，它的界限在哪里，二者的关系是什么。

因此，S 村丧葬仪式中的社会人向我们展示了一个新的现象，它是一种介于商品经济和礼物经济之间的复杂事物。尽管它新，然而却不大可能是独特的，因为我们难以想象这样的社会现象，只是今天中国一个区域社会的无以复制的个案。这个新的社会事实一经发现，我们就可以期望同样的社会事实在其他地方也会被发现。这种发现是基于中国社会的特殊性质，即它既是一个由不同地理区域构成的复杂文明的社会，而且它还具有几千年的统一的历史和统一的意识形态。这种统一的历史和统一的意识形态不断与地方社会互动，从而既保留了差异性，同时也产生了共同性。S 村作为关中地区的一个村落，可能在丧葬仪式中和其他区域社会有某些差异，然而仪式中间展现的灵魂不灭和慎终追远、孝道的理念、仪式的结构却是共同的。这种共同性的存在使得我们可以借由 S 村的丧葬仪式对于中国的区域社会研究和中国研究做出推论，即 S 村丧葬仪式中的社会人的结群方式在中国其他区域社会也肯定会存在，只不过是表现形式和表现场合不同而已。

如果社会人在今天中国村落内部真实存在，那么我们可以有这样的思考：仪式中个体与群体之间礼物与劳务的不断流入和流出，使得人们紧密结群。这种结群，既不是涂尔干的机械团结和有机团结，也不是韦伯的个体是行动的主体，而是合二为一的，既有个体的存在，也有群体的行为。通过对 S 村的考察，我们也发现商品经济和礼物经济在村落内部是共生共存的关系，从而也就得出了农民是理性人，乡村消解或者没有消解的说法都是对村落现象的不准确描述。

通过本书，至少著者希望能在以下方面能起到一些作用，那就是对于社会学及人类学的理论研究来说，中国作为一个复杂文明的社会，我们对社会现象要做更深入的描述和分析之后才能得出结论，而不是用我们脑子中假想的事实到现实中间发现理论，用已有的理论套用现实经验，我们需要的是脚踏实地的做法，而非坐在书斋中去思考中国的问题。这是著者通过 S 村丧葬仪式的田野考察与分析之后针对学界这些年具有的浮躁风气所提出具有针对性的建议。中国的"三农问题"之所以成为问题，完全是因为很多的学者坐在书斋中而非到田野中或者到田野中走马观花而非下马看花式的调查之后，随意提出的对策建议而导致的研究困境和现实问题。

尽管本书只是研究了陕西关中区域社会一个村落的个案，然而这种个案研究带给我们思考是多重的，首先它能够帮我们廓清有关解剖麻雀与把解剖麻雀的经验扩展的问题，这二者内在并不矛盾。因为前者强调特殊性，后者强调普遍性，即个性与共性的问题。这个问题在村落中也是一个矛盾和复杂的存在。其次，S 村的个案提供给我们一种分析视角，一种与以往不同的考察人们结群、社会秩序、村落公共性的视角。通过这种视角我们发现：第一个层面，村落内部既有商品经济的存在，也有礼物经济的逻辑，那种认为传统村落是一种自然经济的说法是站不住脚的。如果真是纯自然经济的村落，那么村落就会自我封闭，不会与外界产生任何交流，然而S村不是。S村作为关中地区农耕文明很发达的一个村落，它受到外界的影响，尤其是国家权力和商品的影响是深刻的。这种国家权力和商品对于村落的渗透说明了村落从来都不是自我封闭的，无论是村落权力来源，还是村落价值观、村落婚姻等。

第二个层面，我们也可以借由S村的丧葬仪式中的社会人结群方式回应以往学界有关中国乡村研究中村落人们结群方式的讨论。学者们习惯于用现代的眼光和视角考察和分析村落，对于村落研究来说，研究者不能用现代以来那种丧失了客观的、非个人的道德标准的道德来判断事物，如果每个学者研究时希望学术的标准都只是自己的那套标准，对任何事物的研究都从自我角度出发，这就会导致在研究社会时带上有色眼镜看问题，这也会导致研究者在理论上和实践上丧失了明辨力，还使研究者无从有客观的标准来判断和识别社会事实。

最后我们应该更进一步深入思考的问题是人类学研究文化时对于异文化和本土文化研究的视角，和对于参与观察法、理论与经验的关系进行深入的再思考。这种再思考本质是对于研究对象和研究者本人在研究中角色的思考。这种思考以前强调的是科学的范式，认为在研究中必须做到"价值中立和价值无涉"，从客观的角度进行研究。然而，我们知道即使是研究异文化的社会，我们思考的方式依然是本文化的，我们的表述方式也是本文化的。这种思考方式与表述方式的本文化导致的结果就是"价值中立和价值无涉"根本无法做到。我们只有通过多点民族志和类型比较法获取对于人类生活方式的理解。另外就是对于异文化研究如何进去的问题，因为研究者本身已经具备了某些文化的偏见，在这些偏见的影响下，让研究者去客观中立地研究被研究者，这是一个神话而非实际。而且研究对象也并非是一个物件，只是单纯摆在那里让研究者去研究。研究者的进入会带给当地社区很大的冲击和影响，这种冲击和影响使得研究者想要获得的真相远非真相，客观远非客观，还有可能变为主观。在这中间，还存在异文化研究的结论可能应用于本文化研究过程中，从而歪曲本文化的可能。

中国社会学及人类学的前辈们当年结合西方的研究脉络，进而中国自己的研究方法——社区研究之时，肯定没有想到社区研究从一种方法论在中国竟然转为一种社会研究的出发点和基本单位。而研究仪式的社会学及人类学前辈们也没有想到村落中的仪式竟然能够成为透视中国基层社会的利器。通过仪式展演，既能够看到区域社会的"地方性知识"，同时也能够看到这种"地方性知识"内部隐藏的"普遍性知识"，即在中国这样一个复杂文明的国家，尽管存在不同的地理区域单位，然而又因为中国几千年来一直是帝国体制，帝国的意识形态和权力一直在帝国的行政区域内有效实施，从而导致大、小传统一直在互动，这种互动的最终结果就是"地方性知识"（即大传统）与"普遍性知识"（即小传统）的相互渗透、相互影响、相互包含。地方社会通过对"地方性知识"的不断阐释，把"普遍性知识"内化为地方社会的价值观和意识形态，而地方社会的这种"普遍性知识"却是已经渗透了"地方性知识"的知识。这种"地方性知识"与"普遍性知识"互动、渗透的格局本质是中华帝国几千年的"文化—象征体系"所建构的独特的帝国形态和模式。

既然通过 S 村的丧葬仪式我们理解了这一点，那么我们可以回答前述的有关解剖麻雀及其背后的代表性问题。尽管不同的地域社会中的村落社区内部，受到不同地域的经济、社会、象征、仪式等的影响而出现差异，然而这些差异是有共同基础的差异，是在共同基础之上的地方性差异。这种共同基础就是历史上帝国的意识形态在村落的存在，而这种存在又被不同地域社会的民众加以改造，使得其更符合地方社会的特征。因此，无论是作为方法的社区研究还是作为对象的社区研究，也无论是解剖一只麻雀还是探讨所有麻雀的问题，都有其意义存在。这种意义究其本质，我们可以发现是一种既思考中国社会的地方性问题，又思考中国社会的公共性问题。对于这两个问题的思考，其实是建立在中华文化既具有统一的基础又具有地方差异的基础之上的。从这个角度来说，S村丧葬仪式研究对于中国区域社会研究提供了一条思路，同时它也为整体的中国研究提供了一条思路，即我们既可以把S村作为一种"中国缩影"和"文化—象征体系"之有机构成部分来研究，同时也可以把它作为一个区域社会之村落来研究。

透过陕西关中地区S村丧葬仪式的研究，我们还可以继续推敲社会学及人类学在研究中国时提出的一些有关个人与社会关系、自然与文化关系、历史与现实关系的理论。比如在研究中国时，人类学提出一的些研究范式，宗族、权力的文化网络、宗教等，这些范式确实在某种程度上反映了中国基层社会民众的生活。然而，这些范式应用于中国研究只是西方学者的一种试验，他们试图验证西方结论对于东方社会的适用性，而非从中国本土出发研究中国问题。这种从中国本土出发研究中国问题，需要以一种跨文化比较与类型比较的方法考察中西的人观差异、人与社会关系的差异等。比如就单单一个"宗族"，在汉语中就有"家、房、宗、族"等，而"社"则包含的意义更多，包括村落内部的象征、权力、仪式、信仰、群体结构等各个层面。我们必须借助"深描"的方式，去阐释区域社会中的地方性与公共性。

第三节 社会人与乡村社会的公共性

一提起公共性，多数人必然想起德国思想家哈贝马斯的"公共领域"。在这个介于国家和社会之间的领域中，市民可以自由言论，就公共事务进行协商，进而引起一种话语相互作用，这种话语相互作用的最终结果是社会共识的产生，社会共识的产生也意味着社会公共性的产生。在哈贝马斯看来，资产阶级公共领域的基础是国家与社会的分离，它来自于社会再生产和政治权力的分离。随着市场经济的发展，等级政治的冲破，市民社会才可能从底层生成，资产阶级的公共领域才逐步确立。哈贝马斯所论及的公共性产生于存在不同立场、意见的西方市民社会，并以此前提进行协商和讨论。然而，近来对于市民社会的概念能否应用于中国学界依然存在普遍而广泛的争论。哈贝观斯所讨论的资产阶级的公共性重视的是市民之间的立场和利益差异，在这些立场和利益差异基础之上，通过市民的积极协商、沟通从而达成共识，产生共同性，最终整合、维持社会秩序。

然而对于中国村落社会来说，哈贝马斯所讨论的这种公共性显然是不存在的。原因在于这种公共性是基于立场、利益的差异而产生的，并且这种差异还有能够进行理性沟通和协商的平台。然而，哈贝马斯意义上的公共性不存在，并不等于中国基层就不存在公共性。果真如此，那么S村的丧葬仪式也不可能重复举行，历史上中国社会中所有的公共行动也都将不会发生。然而，回顾中国社会历史，我们可以发现，中国社会从来不缺少民众的公共行动。在涉及一切与公众利益有关的领域或生活场面，从来不缺少组织者与参与者，也即从来不缺少公共文化的形成和实践。那么原因在哪里呢？

原因就存在于中国作为一个复杂文明的社会，它的长期统一，包括地域疆界的基本稳定、意识形态的长期一统。这种长期一统的发展模式导致中国社会的公共性很少强调民众的差异，反而强调民众的共通性与共识性的存在。这种共通性是"以社会一元化的共同意识、一体感为前提，谋求社会全体的利益"[1]，它的基本单位是家庭、宗族、乡党等初级群体，也包括士绅与地方自治、行会和地方团体、各式宗教组织等。正是这些基本单位和组织及其公共性活动和公共性文化维系和整合了中国基层社会。而这种重视社会全体利益的公共性直到今天也没有中断，这就是我们经常强调的集体利益。中国社会的公共性表现除了历来强调的集体或群体利益之外，还包括对于援助社会不幸之人、从事公益活动的观念的强调。中国历史上的各种各样的善会、慈善活动、义行等都是这一公共性的体现。

如果我们把眼光放得再长远一些，把中国社会的转型从鸦片战争开始算起，那么从那时起，我们就开始了一个社会学界称之为"国家政权建设"的阶段。在这个阶段里，无论是学界还是政府层面，都忙于因应外来冲击及这种外来冲击带给中国社会的影响。此后的中国社会无论是政治运动、经济建设还是社会的文化重构，都是国家通过"政权建设"自上而下推进的。在这种背景下，无论是国家还是普通民众都期望能够通过这种自上而下的"政权建设"重建中国社会，再造中国社会的公共性。

迄今为止，学界有关中国公共性的讨论都集中在政治和经济层面。学者

---

[1]　[日]小浜正子：《近代上海的公共性与国家》，葛涛译，上海古籍出版社2003年版，"致中文版读者"第2页。

们从"公共领域与私人领域"的分野出发，考察中国实现社会转型和现代化的社会基础。这种讨论多是从"市民社会与国家"的关系角度考察中国问题，通过探讨在中国实施正式合法的民主制度（如投票、宪政、多党制）的方式和途径，学者们期望达到社会上层与下层的良性互动及社会的民主，从而找寻中国现代化的新途径。

上述的这些讨论并没有涉及基层村落社会公共性的核心问题。在著者看来，基层社会公共性的核心问题包括民众的认同感、安全感、凝聚力三个关键因素。以往对于中国社会公共性的研究，仅仅简单套用西方的"市民社会"概念，忽视了中国与西方的差异，即没有注意概念的语境应用问题。

在 S 村丧葬仪式中，我们可以看到村落个体对于村落有着很强的认同感、对于村落秩序有着很强的使命感，村落内部也有着很强的凝聚力。这些凝聚力既展现在仪式创造的神圣空间当中，也展现在仪式中的礼物与劳务的互换与互惠方面。在 S 村中，村落的公共性既是规定性的，这种规定性来源于规矩，即祖先流传下来的，也来源于村落个体的积极主动，这种积极主动把试图想要分离的个体重新联合在一起。也就是说 S 村的公共性及公共领域在仪式过程中展演出来，经过仪式对于村落紧张关系和矛盾的缓解或强化，从而使得仪式参加者的身份发生变化，社会也重新回到既定的社会等级关系和矛盾结构中。这个过程本质是对原有关系结构的一种强化。正是在 S 村的丧葬仪式中，S 村的共识得以产生，这种共识既非甲也非乙，更非丙的，而是村落民众经常在仪式场合沟通、交流、共享之后的产物。在这个仪式场合，大家是平等的、无差别的。在这种平等的、无差别的公共领域中形成一个共识，仪式结束之后又重新回到村落原有的结构之中，这是 S 村社会人结群方式得以延续的原因之一，即平等和等级不断交替出现。

S 村的丧葬仪式出现的村落公共领域及其所具有的村落公共性给我们揭示

的是一种否定经济决定论或线性进化论的发展理念和模式。在这种发展理念和模式之下，现代社会所具有的公共性必须经过与传统的完全决裂才能出现，只有经济充分发展了，精神才会充实和繁荣。这种错误观点没有看到社会结群是取决于作为主体的人在日常生活中居住在一地共同生存的精神和物质需求、理性和情感的需求等。由此，建国以来的国家建设，改革以来的经济发展，都把传统的村落社会及其具有的公共性加以忽视、排斥和批判。

然而，S村丧葬仪式及其所展示的村落公共性带给我们的启发就是，村落中传统资源中的公共性对于实现村落的结群、社会秩序、公共性有着重要的作用。这种作用在当前中国社会出现了"社区迷失"（community lost）背景下的新农村建设及城乡统筹发展有着重要借鉴意义和价值。

中国人多地少、资源紧张的基本国情及中国所处的世界环境，都决定了中国不可能重复西方早期的城市化和工业化道路，而只能走城乡统筹发展，从而解决农民的非农就业，进而缩小、化解中国的城乡差距、工农差距、贫富差距。这个过程本质是村落重建的过程，也是村落公共性重建的过程。重建的村落公共性必然涉及如何继续采纳村落既有的公共性资源，在这一问题上，著者认为我们必须尊重和认真对待村落原有的维持村落整合、村落秩序、村落公共性的一些行为模式，在此基础之上，才能发展出新的、适合当代的公共性模式，而非抛弃了旧有的，而新的村落公共性在转型过程中还无法一时成型，最终导致村落发展成为问题。

第四节 社会人与中国乡村社会研究

对于中国乡村社会的研究，聚集了众多学科，如经济史、社会学、人类学、民族学、政治学、历史学等，这些学科虽然研究视角和研究方法各有差异，然而其研究对象却是共同的，即都把中国乡村社会当成理解中国社会性质的切入口。在这一点上，从西方引入的社会学和人类学在研究和帮助人们理解中国乡村社会性质方面具有无可比拟的优势。其他学科研究中国乡村社会，大多只见社会不见人，而社会学及人类学从微观村落研究开始，以村落中的民众作为理性行动者，具体分析他们在日常生活中的行为。又从这些民众的行为出发，运用一些概念工具和理论模式进一步深入分析中国社会。

社会学与人类学自引入中国以来，一直努力以西方的概念工具与理论体系研究中国，试图理解中国社会及生活在这个社会中的鲜活的个体。在最初的研究过程中，学者们认为透过村落研究，可以了解中国整体的社会结构；接着这种想法被众多学者所质疑，即村落的代表性问题；接着学者们又重新回到田野当中，重新考察村落。这种独特的研究脉络使得社会学及人类学的中国研究在一定程度上实现了否定之否定的过程，从而使得社会学及人类学的村落研究能够更加清楚地呈现出村落中的多种文化模式的交错、社区作为中国社会缩影的独特意义、村落内部的国家与社会关系、村落内部的历史与现实关系等。

在一本名为《理解农民中国》的书中，美国公共哲学家李丹回顾了世界学术史上不同时期占据主导地位的研究中国社会的范式，这些著名的范式包括：道义小农与理性小农之争；市场与中国社会结构体系的争论；中国社会发展过程是否具有像西方一样的技术突破，从而使自身具有像西方一样的发展资本主义的潜质；农民起义是否是推动中国社会发展和前进的动力；中国农村的发展到底是持续增长还是过密化等主题。这些研究主题都是围绕着如何理解中国社会的性质，如何理解中国社会中的人，如何理解中国社会的发展模式等问题展开的。尽管研究所选定的对象、范围、理论模型、解释模型、论据等各有不同，然而共同的是所有学者都在依据西方的解释工具来解释中国，试图理解中国农民社会。比如道义小农与理性小农的争论；比如施坚雅将中心地理理论模型运用到中国的经济地理研究中等；比如在解释中国社会时，研究者采纳了哪些因素，经济因素还是宗教因素、生态因素、结构因素等；比如在解释中国社会中的个体如何行为的问题，个体到底是否更改，传统的规范与价值观对于个体理性有何影响等。[1]

然而，研究者的这些假定针对中国具体村落中的民众来说，都只是韦伯所说"理想类型"，这些模式具体应用到中国基层社会现实的场景中根本无法被村民所理解，因为村落民众的日常生活处于矛盾与实践当中。对于他们来说，生活就是如此，既有理性因素，也有情感因素；既有村落群体的制约，也有个体的违规行为。S村的民众对于自己身边事物的理解，永远是一种把自己置身于村落社会的发展背景中去思考问题的。村落的个体在日常生活中做出自己的理性选择时，一般会考虑到家庭、朋友、村落等的利益，并且最好这些方面都能够兼顾，这才是他们做事的基本出发点。著者在田野期间遇到

---

[1]　[美]李丹：《理解农民中国》，张天虹等译，江苏人民出版社2008年版，第1—9页。

的个体对于群体规范的突破行为，本质是村落中的某些个体在日常行为处事方面很少考虑到村落其他社群的利益，或者根本忽视自己对于村落其他群体所担负的义务和责任，从而被村落群体制裁。S村的社会人结群式，既是一种个体与个体之间的权利义务关系，同时也是他们个体对于村落整体的权利义务关系。这种社会人的结群方式来源于村落的共享历史和共同体记忆，也来源于村落个体与群体对于这些共享历史和共同体记忆的不断操弄和实践。

S村的个体为人处事的出发点不是单独的个人和自我，他们思考问题的出发点是家庭，在家庭范围之外是亲朋，在亲朋范围之外是关系户，在关系户范围之外是村落，在村落范围之外才是国家等。S村民众的这种权利义务观念本质是一种差序式的权利义务观念，而非自由主义式的权利义务观念，从这一点来说，S村的民众天然就具有西方社群主义所定义的一切特征。而这种特征也是我们研究中国乡村社会的起点，即中国乡村社会中的民众并非是原子化的个体，他们是在一张差序式的权利与义务网络之中的个体。在这张权利与义务组成的网络之中，他们可以理性地或不理性地、自由地或被动地采取种种行动，表达种种意见和看法，然而他们从来没有想过脱离这种网络之外去理性或理性地行动。因此，研究中国乡村的基本行动单位在著者看来，并非单纯采纳西方个体主义的自我观念和其理论架构和分析模式，而是以西方的这种观念和理论模型为思考的出发点，一方面结合中国社会自身的特征，从中国社会中的个体自我出发，既考察村落中个体自我具有的基本关系网络，又关照到村落的历史与村落的现实；既关注村落的文化，也关注到村落的权力；既关注到村落中的国家，又关注到村落中的社会。只有如此，我们在研究中国社会时，才能真正在中国发现历史，发现现实，发现属于中国的学术研究，进而也才能形成中国乡村研究的中国声音。

参考文献

一、专著与译著

1. ［法］艾德加·莫兰：《社会学思考》，阎素伟译，上海人民出版社 2001 年版。

2. ［英］埃文思·普吕查德：《努尔人》，褚建芳、阎书昌译，华夏出版社 2002 年版。

3. 曹锦清：《黄河边的中国》，上海文艺出版社 2000 年版。

   曹锦清：《如何研究中国》，上海人民出版社 2010 年版。

4. ［法］迪尔凯姆：《社会学研究方法论》，胡伟译，华夏出版社 1988 年版。

   ［法］迪尔凯姆：《迪尔凯姆论宗教》，周秋良译，华夏出版社 2000 年版。

5. 杜赞奇：《文化、权力与国家——1900—1942 年的华北农村》，江苏人民出版社 2003 年版。

6. 费孝通：《中国绅士》，中国社会科学出版社 2006 年版。

   费孝通：《乡土中国生育制度》，北京大学出版社 2000 年版。

   费孝通：《江村经济》，商务印书馆 2003 年版。

7. ［挪威］弗里德里克·巴特：《斯瓦特巴坦人的政治过程》，黄建生译，上海人民出版社 2005 年版。

8. ［英］弗里德曼：《中国东南的宗族组织》，刘晓春译，上海人民出版社 2000 年版。

9. ［美］菲利普·塞尔兹尼克：《社群主义的说服力》，马洪、李清伟译，上海世纪出版集团 2009 年版。

10. 黄宗智：《华北的小农经济与社会变迁》，中华书局 2000 年版。

黄宗智：《长江三角洲的小农家庭与乡村发展》，中华书局2000年版。

11. 黄平、王晓毅编：《公共性的重建》，社会科学文献出版社2011年版。

12.〔美〕古塔・弗格森：《人类学定位》，骆建建等译，北京：华夏出版社2005年版。

13. 郭于华：《仪式与社会变迁》，社会科学文献出版社2000年版。

14.〔美〕卡尔・魏特夫：《东方专制主义》，徐式谷等译，中国社会科学出版社1989年版。

15.〔美〕克利福德・吉尔茨：《地方性知识》，王海龙、张家瑄译，中央编译出版社2004年版。

16.〔美〕克利福德・格尔茨：《文化的解释》，韩莉译，译林出版社1999年版。

17.〔美〕李丹：《理解农民中国》，张天虹等译，江苏人民出版社2008年版。

18. 李亦园：《田野图像》，山东画报出版社1999年版。

19. 李安宅：《仪礼和礼记之社会学的研究》，上海世纪出版集团2005年版。

20.〔法〕克劳德・列维・斯特劳斯：《结构人类学》，谢维扬、俞宣孟译，上海译文出版社1999年版。

21. 流心：《自我的他性》，上海人民出版社2005年版。

22. 梁漱溟：《中国文化要义》，学林出版社1987年版。

23.〔英〕马林诺夫斯基：《西太平洋上的航海者》，李绍明译，华夏出版社2002年版。

24.〔德〕马克斯・韦伯：《儒教与道教》，王容芬译，商务印书馆2003年版。

〔德〕马克斯・韦伯：《新教伦理与资本主义精神》，于晓等译，生活・读书・新知三联书店1987年版。

25.〔英〕罗伯特・莱顿：《他者的眼光：人类学理论入门》，蒙养山人译，华夏出版社2005年版。

26.〔美〕马尔库斯、费切尔：《作为文化批评的人类学》，王铭铭、蓝达居译，生活・读书・新知三联书店1998年版。

27. 马若孟：《中国农民经济》，江苏人民出版社1999年版。

28.〔法〕莫斯：《论馈赠——传统社会的交换形式及其功能》，卢汇泽，中央民族大学出版社2002年版。

29.〔英〕莫里斯・弗里德曼：《中国东南的宗族组织》，刘晓春译，上海人民出版社 2000 年版。

30. 麻国庆：《家与中国社会结构》，文物出版社 1999 年版。

31. 贾春增：《外国社会学史》，人民大学出版社 2001 年版。

32. 黄应贵：《空间、力与社会》，中央研究院民族学研究所 1998 年版。

33. 贺雪峰：《乡村治理的社会基础》，中国社会科学出版社 2003 年版。

34. ［法］皮埃尔·布迪厄：《实践与反思》，李猛、李康译，中央编译出版社 1998 年版。

35. 瞿同祖：《中国封建社会》，上海人民出版社 2003 年版。

36. 罗红光：《不等价交换：围绕财富的劳动与消费》，浙江人民出版社 2000 年版。

37. 秦晖：《田园诗与狂想曲》，中央编译出版社 1996 年版。

38. ［美］施坚雅：《中国农村的市场和结构》，史建云、徐秀丽译，中国社会科学出版社 1998 年版。

39. 沈关宝：《一场静悄悄的革命》，云南人民出版社 1993 年版。

40. ［德］斐迪南·滕尼斯：《共同体与社会》，林荣远译，商务印书馆 1999 年版。

41. ［法］涂尔干：《宗教生活的基本形式》，渠东、汲喆译，上海人民出版社 1999 年版。

　　［法］涂尔干：《社会分工论》，渠东译，生活·读书·新知三联书店 2000 年版。

42. 王沪宁：《当代中国村落家族与文化》，上海人民出版社 1991 年版。

43. 王铭铭：《社会人类学与中国研究》，生活·读书·新知三联书店 1997 年版。

　　王铭铭：《小地方与大社会：中国社会人类学的社区方法论》，载《村落视野中的文化和权力》附录二，生活·读书·新知三联书店 1997 年版。

　　王铭铭：《象征与社会：中国民间文化的探讨》，天津人民出版社 1997 年版。

　　王铭铭：《西方人类学思潮十讲》，广西师范大学出版社 2005 年版。

　　王铭铭：《西学中国化的历史困境》，广西师范大学出版社 2005 年版。

44. 乌丙安：《中国民间信仰》，上海人民出版社 1995 年版。

45. 阎云翔：《礼物的流动》，上海人民出版社 2000 年版。

46. 杨懋春：《一个中国村庄：山东台头》，江苏人民出版社 2001 年版。

47. 黄淑娉、龚佩华：《文化人类学理论方法研究》，广东高等教育出版社 2004 年版。

48. 张晓虹：《文化区域的分异和整合》，上海书店 2004 年版。

49. 张静：《法团主义》，中国社会科学出版社 1998 年版。

　　张静：《基层政权：乡村制度诸问题》，上海人民出版社 2007 年版。

50. 折晓叶、陈婴婴：《社区的实践》，浙江人民出版社 2000 年版。

51. [美]詹姆斯·斯科特：《农民的道义经济学》，程立显等译，译林出版社 2001 年版。

52. 庄英章：《林圯埔》，上海人民出版社 2000 年版。

53. 庄孔韶：《时空穿行——乡村人类学世纪回访》，中国人民大学出版社 2004 年版。

54. 项飙：《跨越边界的社区》，生活·读书·新知三联书店 2000 年版。

55. [美]许烺光：《祖荫下》，王芃、徐隆德译，台北国立编译馆 1990 年版。

二、期刊文章

1. 秦晖：《大共同体本位与传统中国社会》，载《社会学研究》1998 年第 5 期。

2. 周怡：《共同体整合的制度环境：惯习与村规民约》，载《社会学研究》2005 年第 6 期。

3. 朱齐：《1987 年中国史前考古重大发现》，载《新华文摘》1988 年。

4. 贺雪峰、仝志辉：《论村庄社会关联》，载《中国社会科学》2002 年第 3 期。

5. 陈劲松：《传统中国社会的社会关联形式及其功能》，载《中国人民大学学报》1999 年第 3 期。

6. 李国庆：《关于中国村落共同体的论战——以戒能—平野论战为核心》，人大复印资料（社会学），2006 年 2 月。

7. 王铭铭：《远方文化的迷——民族志与实验民族志》，载《中国社会科学季刊》（香港）1995 年春季卷。

8. 李猛：《从士绅到地方精英》，载《中国书评》1995 年第 5 期。

9. 黄鹏进：《农民经济行为的文化逻辑》，载《中国农村观察》2006 年第 1 期。

三、会议论文集

1. 魏捷兹：《澎湖群岛的村庙公司与人观》，载黄应贵：《台湾与福建社会文化研究论文集》，台北中研院民族学所，1995 年。

2. 钟幼兰：《台湾民间社会人群结合方式的构成与发展》，载黄应贵：《台湾与福建社会文化研究论文集》，台北中研院民族学所，1995 年。

3. 王铭铭：《历史、人情与互惠：闽南两村互助与福利的民间模式》，载黄应贵：《台湾与福建社会文化研究论文集》，台北中研院民族学所，1995 年。

4. 张江华：《血与土的变奏：广西田东县立坡屯的考察》，载黄应贵：《云贵高原的亲属与经济工作研讨会论文集》，台北中研院民族学所，1999 年。

5. 秦晖：《传统中华帝国的乡村基层控制》，载黄宗智：《中国乡村研究》（第一辑），商务印书馆 2003 年版。

四、地 方 志

1. 《临潼县志》。
2. 《咸阳县志》。

五、毕业论文

1. 刘向前：《民间仪式中的社会秩序》，上海大学 2003 年硕士学位论文（未刊稿）。

2. 翁惠娟：《丧礼中的交换：哈尼族的人观建构》，台湾清华大学人类学所 2000 年硕士学位论文（未刊稿）。

六、英文专著与文章

1. BourYieu,Pierre:*Outline of a Theory of Practice*, Cambridge University Press, 1978.

2. Strathern,Marilyn and Godelier, Maurec:*Big Men and Great Men*, Cambridge University Press,1991.

3. Strathern,Marilyn:*The Gender of the Gift*,University of California Press, 1988.

4. Parki,Robert:*Kenship*, Blackwell Publisher, 1997.

5. Grace Gredys Harris:"Concepts of Individual,Self and Person in Description and Analysis,"*American Anthropologist*,1989.

6. Jack Goody:*The Development of the Family and Marriage in Europe*,Cambridge University Press,1983.

7. J. M. Atkinson and S. Errington eds.:*Power and Difference*.Stanford,Stanford University Press,1990.

8. J. Carsten and S. Hugh-Jones:*About the House*,Cambridge:Cambridge University,1995.

9. R. Waterson:*The Living House*,Singapore:Oxford University Press,1990.

10. Maurice Bloch Jonathan Parry:*Death and the Regeneration of Life*, Cambridge University Press,1982.

11. Roberi J. Foster:"Nurture and Force-feeding:Mortuary Feasting and the Construction of Collective Individuals in a New Ireland Society,"*American Ethnologist*,1990(3).

12. N. D. Munn:Symbolism in a Ritual Context,J. J. Honigmann(ed.),*Handbook of Social and Cultural Anthropology*,Chicago,1973.

13. Van Gennep A.:*The Rites of Passage*,London:Routledge &Keagn Paul,1960.

14. Arthur P. Wolf eds.:*Religion and Ritual in Chinese Society*,Standford University Press, 1974.

附 录
S村丧葬过程中礼物与劳务分享图片

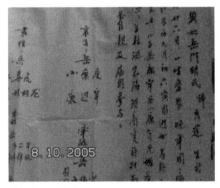

讣闻之一：通告

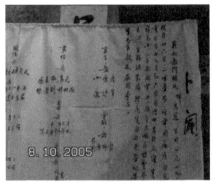

讣闻之二：孝子贤孙名单

埋葬场景之一：起灵

埋葬场景之二：前往坟墓的路途中

埋葬场景之三：棺材放入墓穴中　　　　　埋葬场景之四：众人垒起黄土的坟包

送礼场景之一：礼盘花饭之一　　　　　　送礼场景之二：礼盘花饭之二

送礼场景之三：花饭和纸钱礼盘　　　　　送礼场景之四：花果礼盘